V&R

DIENST AM WORT

Die Reihe für Gottesdienst und Gemeindearbeit

Band 156

Vandenhoeck & Ruprecht

Stephan Goldschmidt (Hg.)

Weihnachtsworte

Geschichten und Gedanken
für Andacht und Predigt

mit Beiträgen von
Stephan Goldschmidt
Klaus von Mering
Thomas Hirsch-Hüffell
Eckard Siggelkow
Karin Ulrich-Eschemann
Hans Freudenberg
Siegfried Macht
Charlotte Scheller
Heinz Behrends
Judith Augustin
Max Koranyi
Harald Apel
und Käthe von Gierke

Vandenhoeck & Ruprecht

Mit einer Abbildung: »Zimtstern« von Judith Augustin

Bibliografische Information der Deutschen Nationalbibliothek

Die Deutsche Nationalbibliothek verzeichnet diese Publikation in der Deutschen Nationalbibliografie; detaillierte bibliografische Daten sind im Internet über http://dnb.d-nb.de abrufbar.

ISBN 978-3-525-63051-8
ISBN 978-3-647-63051-9 (E-Book)

Satz: textformart, Göttingen
Druck und Bindung: ⊕ Hubert & Co, Göttingen

Gedruckt auf alterungsbeständigem Papier.

Inhalt

Weihnachten

Gedichte

Märchen

Erzählungen

Meditationen

Geschichten für Kinder

Gebete

Ausklang

Einleitung

Weihnachten ist ein besonderes Fest. An Weihnachten feiert die Christenheit die Liebe Gottes, die in der Geburt Jesu im Stall von Bethlehem greifbar wird. Weihnachten ist damit mehr als ein Geburtstagsfest und mehr als das Andenken an ein vergangenes Ereignis. An Weihnachten erinnern sich Christinnen und Christen an das Wunder, dass Gott nicht im Himmel bleibt, sondern als kleines und verletzliches Kind zu uns Menschen kommt. Dieses Wunder, dass Gott nicht fern ist, gilt es immer wieder zu vergegenwärtigen und in das Hier und Jetzt zu übertragen. Darum ist es gut, dass das Kirchenjahr mit der Weihnachtszeit regelmäßig daran erinnert. So lässt sich Jahr für Jahr wieder neu feiern, dass Gott als Mensch zu uns kommt und uns nicht allein lässt mit unserer inneren oder äußeren Not.

Weihnachten verknüpft auf eigentümliche Weise die Vergangenheit mit der Gegenwart. Die Weihnachtszeit ist voll von Erinnerungen, die vergegenwärtigt werden. Zunächst erinnert Weihnachten als eines der zentralen christlichen Hochfeste an die Geburt Jesu im Stall von Bethlehem. Weihnachten ist aber auch immer verknüpft mit persönlich erlebten Erinnerungen oder mit vertrauten literarischen Stücken, einer Erzählung, einem Ausschnitt aus einem Roman, einem Gedicht oder einem Lied. Frühere Weihnachtsfeste und die Menschen, mit denen sie gefeiert wurden, werden wieder lebendig. Darum ist Weihnachten bei aller Freude für manche auch mit schwermütigen Gedanken und Gefühlen verbunden.

Und schließlich feiern wir an Weihnachten das Wunder des Lebens. An der Geburt Jesu zeigt sich exemplarisch, dass jeder Mensch auf eine einzigartige Weise zur Welt gekommen ist. Zur Botschaft von Weihnachten gehört deshalb auch, dass jeder Mensch unabhängig von Stand oder Herkunft ein einzigartiges Gottesgeschenk ist. Die Geburt Jesu im Stall und die Flucht vor dem Kinder mordenden Herodes halten vor Augen, dass jedes Kind zu achten und vor Gefahren zu bewahren ist.

Vielleicht kann Weihnachten in der postmodernen Volkskirche deshalb so intensiv gefeiert werden wie kein anderes christliches Fest, weil es anknüpfungsfähig ist an solche Urerfahrungen des Lebens. An Weihnachten gelingt es, theologische Aussagen und die aktuelle Lebenswirklichkeit miteinander in existenzieller und zugleich emotionaler Weise aufs Engste zu verknüpfen. Und dies geschieht meist, indem wir uns Geschichten erzählen.

Schon das Weihnachtsevangelium und die Erzählung von der Flucht nach Ägypten schildern das Wunder der Weihnacht in der Form von Erzählungen. Weihnachten braucht also Geschichten, Lieder und Gedichte, die auf elementare Weise den theologischen Topos der Menschwerdung Gottes greifbar werden lassen.

Für Pfarrerinnen und Pfarrer und alle, die in der Weihnachtszeit die Aufgabe haben, die Weihnachtsbotschaft zu verkündigen, ist Weihnachten eine besondere Herausforderung. Die Erwartungen der Gemeinden sind in dieser Zeit besonders hoch. Die Botschaft von der Geburt im Stall von Bethlehem soll jedes Jahr wieder neu und lebensnah verkündet werden. An Weihnachten gilt es, die richtigen Worte zu finden, die gut vorbereitet sein wollen. Die Andachten im Altersheim, im Frauenkreis und bei den Senioren, der Kindergottesdienst und nicht zuletzt die Weihnachtspredigten brauchen eine Handvoll guter, frischer Ideen. Wer auf Weihnachten gut vorbereitet sein will, sucht jedes Jahr Geschichten, neue Gedanken und Texte, die noch nicht allzu vertraut und verbraucht sind.

Diese Sammlung aus der Feder unterschiedlicher Autorinnen und Autoren bietet Anregungen, Geschichten, Meditationen, Lieder und Gedichte, die dazu anleiten, von Weihnachten zu erzählen. Sie helfen, Bethlehem ganz nah heranzuholen, in den Horizont der eigenen Gemeinde und der vielen, die vielleicht sonst nicht kommen. Außerdem finden sich ein Rollenspiel und liturgische Stücke für den Heiligen Abend sowie anregende Predigten.

Allen, die aus der Schatzkiste ihrer Gemeindepraxis eine Idee oder eine Geschichte, ein Gedicht oder ein Lied, eine Predigt oder eine sonstige Anregung zur Verfügung gestellt haben, sei herzlich gedankt. Sie haben dazu beigetragen, dass mit diesem Buch eine bemerkenswert vielfältige Sammlung entstanden ist, die Pfarrerinnen und Pfarrern hilft, sich auf die Weihnachtszeit vorzubereiten.

Hannover im Juli 2013
Stephan Goldschmidt

Zur Einstimmung

Predigt mit Titus 5

Von Stephan Goldschmidt

Einleitung

Gestern konnten wir den Heiligen Abend begehen – die meisten von uns im Kreise der Familie. Denn Weihnachten feiern viele unter uns gern traditionell, am liebsten mit der ganzen Familie, dem geschmückten und hell erleuchteten Tannenbaum, mit einem guten Essen und natürlich mit Geschenken. Weihnachten soll schön sein, so wie wir es aus den Kindertagen in Erinnerung haben.

»Weihnachten ist aber nicht nur schön«, sagte mir eine Schülerin, »es ist auch traurig.« Ich finde diese Aussage bemerkenswert. Weihnachten ist nicht nur schön, sondern besitzt auch Aspekte, die uns traurig stimmen. Weihnachten hat eben eine ganz besondere Atmosphäre und unsere Gefühle beschreiben eine breite Skala von Freude bis hin zu einer melancholischen oder sogar traurigen Stimmung. Und immer wieder stellt sich das Gefühl der Enttäuschung ein. Freude und Hochgefühl, aber auch Traurigkeit – all das gehört zu Weihnachten heute wie vor 2000 Jahren. Bei der Geburt Jesu ist auch nicht alles eitel Sonnenschein. Der karge Stall steht im Kontrast zur Freude über das neugeborene Kind.

Auch im heutigen Predigttext aus Titus 3 werden neben den freudigen Seiten zwischen den Zeilen auch die ernsten Aspekte der Weihnacht angesprochen:

Als aber erschien die Freundlichkeit und Menschenliebe Gottes, unseres Heilands, machte er uns selig – nicht um der Werke der Gerechtigkeit willen, die wir getan hatten, sondern nach seiner Barmherzigkeit – durch das Bad der Wiedergeburt und Erneuerung im heiligen Geist, den er über uns reichlich ausgegossen hat durch Jesus Christus, unsern Heiland, damit wir, durch dessen Gnade gerecht geworden, Erben des ewigen Lebens würden nach unserer Hoffnung.

1.

»Als aber erschien die Freundlichkeit und Menschenliebe Gottes, unseres Heilands, machte er uns selig …« – Positiver kann man die Weihnachtsbotschaft nicht fassen. Gottes Freundlichkeit und seine Menschenliebe, die an Weihnachten in besonderer Weise zum Ausdruck kommen, werden vom Schreiber des Titusbriefes in den Vordergrund gestellt. Seine Liebe kommt zu uns in dem Kind, das im Stall von Bethlehem geboren wird. Er ist für uns deshalb kein ferner Gott, der uns fremd bleibt, sondern der nahe Gott, der unser Bestes will und den wir deshalb besonders in der Weihnachtszeit oft Heiland nennen.

Mit dem altertümlichen Wort Heiland bezeichnen wir Gott, wie er uns in der Gestalt Jesu nahe kommt und uns in ihm das Heil schenkt. Man muss bei diesem Wort an die Verkündigung der Engel denken – »Euch ist heute der Heiland geboren!« – oder an manche Advents- und Weihnachtslieder. Mit Heiland ist gemeint, dass Gott um unsere Zerbrechlichkeit weiß und das Zerbrochene heil machen will. Heil werden können die verletzte Seele ebenso wie der geschundene Körper oder der überspannte Geist. Das Heil, das Gott uns schenken will und weshalb wir Weihnachten feiern, gilt dem ganzen Menschen.

Gerade an Weihnachten lässt sich dieses Heil spüren. Es tut unserer Seele gut, wenn der Weihnachtsbaum leuchtet und wir Weihnachtslieder singen. Auch für Körper und Geist hält Weihnachten viele Freuden bereit. Manchmal tragen auch die Geschenke zum Heil bei und helfen, die Sprachlosigkeit in einer Familie oder einer Partnerschaft zu überwinden. Ich will nicht in die an Weihnachten so beliebte, aber doch oberflächliche Klage einstimmen, dass die Geschenke den Sinn der Weihnacht in den Hintergrund rücken. Denn die Geschenke drücken oft mehr aus, als man auf den ersten Blick zu erkennen meint. Sie sind ein Ausdruck der Liebe der Eltern zu ihren Kindern, der Partner oder Freunde und letztlich für die Zuwendung Gottes zu einem jeden von uns.

Und indem wir anderen etwas schenken, drücken wir unsere Sehnsucht nach Heil aus. Wir wünschen uns, dass unsere Welt im Großen und im Kleinen heil wird, wenigstens an Weihnachten. Wir wollen uns gern besondere Mühe geben, dass in diesen Tagen Friede herrscht in den Familien. Wenigstens am Heiligen Abend soll die Partnerschaft oder die Beziehung zwischen den Generationen in der Familie voller Harmonie sein. Und dort, wo dies nicht gelingt, wo in Familien oder Beziehungen Spannungen aufgebrochen sind, da versuchen wir mit einem schönen Geschenk, den Riss wenigstens für einige Stunden zu heilen.

In alledem zeigt sich unsere Sehnsucht nach einem Heil, das den Heiligen Abend überdauert. Wegen dieser Sehnsucht zieht es uns jedes Jahr zu Weihnachten in die Kirche. Möchten wir doch gerade an Weihnachten etwas von dem Heil aus der Weihnachtsgeschichte hören: »Euch ist heute der Heiland geboren.«

2.

»Als aber erschien die Freundlichkeit und Menschenliebe Gottes, unseres Heilands, machte er uns selig …« – Treffender kann man unsere Gefühle an Weihnachten nicht beschreiben als mit dem kleinen Wort selig. Selig-Sein gehört wie die Rede vom Heil zu Weihnachten, wie die jauchzenden Engel und die Idylle rund um die Krippe, die wir uns in unserer romantisierenden Vorstellung geschaffen haben.

Zu Weihnachten gehört die Seligkeit und deshalb haben wir schon seit Generationen die Geschichte von Maria und Josef mit dem Kind zu einer selig-süßen Szene umgeformt. Als ich früher mit Konfirmandinnen und Konfirmanden die Weihnachtsgeschichte besprochen habe, waren sie meist erstaunt, wie kurz und knapp die Geburt Jesu von Lukas beschrieben wird. Und vor allem waren sie erstaunt, dass die Geburt Jesu sich gar nicht in einer wohlig-warmen Atmosphäre ereignete. Über Generationen hinweg ist die Weihnachtsgeschichte ausgeschmückt worden bis dahin, dass die unwirtlichen Verhältnisse romantisch unterlegt wurde.

Das kommt nicht von ungefähr. Denn zu Weihnachten, dem Fest der Freude, passt eine selig-süße Geburtsszene auf den ersten Blick besser als eine realistische. Weihnachten soll schön sein, selbst wenn es in ärmlichen Verhältnissen stattfindet. Auch Maria und Josef sollen es – zumindest in unserer Vorstellung – nicht schlecht haben. Ihre Freude an dem neugeborenen Kind soll ganzheitlich sein und auch den Ort der Geburt erleuchten und erwärmen.

3.

»Als aber erschien die Freundlichkeit und Menschenliebe Gottes, unseres Heilands, machte er uns selig …« – Kürzer kann man nicht aussagen, was Jesus Christus für uns bedeutet. In ihm, dessen Geburt wir an Weihnachten feiern, ist die Freundlichkeit Gottes für alle sichtbar geworden. Gott liebt uns Menschen so sehr, dass er als Mensch in diese Welt kommt, unser Heiland wird und uns die Seligkeit schenkt. Was uns Jesus Christus bedeutet, ist in meinem liebsten Weihnachtslied bildlich ausgedrückt: »Lobt Gott, ihr Christen alle gleich …, der heut schließt auf sein Himmelreich.«

Damit ist gemeint, dass uns Gott an Weihnachten so nahe kommt, dass die Schranken zwischen Himmel und Erde aufgehoben sind. Gott ist nun nicht mehr fern im Himmel. Er ist uns ganz nahe, näher als wir uns selbst sein können. Was die Geburt Jesu für uns bedeutet, ist im gleichen Lied in einer anderen Strophe ausgedrückt: »Heut schließt er wieder auf die Tür zum schönen Paradeis, der Cherub steht nicht mehr dafür …« Auch hier wird mit einer starken und bildhaften Sprache die Kernbotschaft der Weihnacht beschrieben: Jesus Christus hebt die Entfremdung auf, die nach der alten Erzählung von der Vertreibung aus dem Paradies unsere Beziehung zu Gott belastet. Nach mythischer Vorstellung war die Rückkehr ins Paradies ausgeschlossen. Der Eingang an den Ort der träumenden Unschuld wurde von den Cherubim, von wehrhaften Engeln, bewacht. Weihnachten bedeutet, dass die Engel den Weg wieder freigegeben haben und die Rückkehr ins Paradies seither möglich ist.

4.

»Als aber erschien die Freundlichkeit und Menschenliebe Gottes, unseres Heilands, machte er uns selig ...« – Deutlicher kann man nicht benennen, was uns an Weihnachten trotzdem immer noch fehlt. Denn trotz allem ist unser Leben nicht so heil, wie wir es uns gerade an Weihnachten wünschen. In manchen Familien muss die Enttäuschung überspielt werden, damit es nicht zum Streit kommt. Und auch die Seligkeit ist häufig nur ein Wunschtraum, dass sich doch wieder dieses selige Gefühl einstellen möge, das uns früher – zumindest in unserer Erinnerung – gefangen genommen hat. Und die Bedeutung Christi, der uns den Himmel aufgeschlossen hat, scheint auch an Weihnachten manchmal ganz fern zu sein, zugedeckt von Zweifeln und Fragen oder den Sorgen des Alltags.

Zur Weihnacht gehört eben auch dieser Aspekt, der uns traurig sein lässt. Und auch diese Seite ist im Titusbrief zu finden. Wenn Gott durch sein Kommen uns und unsere Welt heil machen will, dann bedeutet das doch, dass vieles noch nicht heil ist und in der Welt noch manches zerbrochen ist. Und auch die Seligkeit, die uns der an Weihnachten in die Welt gekommene Gott schenken will, deutet auf Trauer und Leid hin. Seligkeit und Selig-Sein haben schließlich etwas mit der jenseitigen Welt zu tun. »Gott hab ihn selig«, wird in manchen Gegenden gesagt, wenn von einem Verstorbenen die Rede ist. Dass Jesus Christus für uns zum Heiland geworden ist und dem Glaubenden die Seligkeit verheißt, hängt auf geheimnisvolle Weise mit seinem Leiden und Sterben zusammen. Er ist für uns am Kreuz zum Heiland geworden und hat für uns dort die Seligkeit erworben. Seine Geburt in einem unwirtlichen Stall deutet dieses Schicksal bereits an. Die Krippe ist schon ein erster Hinweis auf seinen Kreuzestod. Insofern sind bei der Geburt Jesu Freude und Traurigkeit miteinander verbunden.

Schluss

Weihnachten bedeutet also nicht, dass alles gut geworden ist für unsere Welt im Großen und im Kleinen. Aber Weihnachten heißt, dass wir eine Hoffnung haben. Die Welt muss nicht so kalt und dunkel bleiben, wie wir sie oft erleben. Wir dürfen hoffen, dass Gott, der in der Geburt Jesu in die Welt gekommen ist, diese Welt immer mehr zum Guten verändert. Trotz allem, was uns bedrücken mag, trotz Einsamkeit und Leid ist Gott mitten unter uns und will heil machen, was zerbrochen ist.

Amen.

Zur Einstimmung

Aufhänger von A bis Z

Von Klaus v. Mering

A

So stand's kürzlich in der Zeitung: »Keine Weihnachtspost vom Finanzamt.« Die staatliche Finanzverwaltung hat, einem alten Brauch folgend, auch für dieses Jahr den *Weihnachtsfrieden* verkündet. Am 17. Dezember begann in der niedersächsischen Steuerverwaltung die *Schonzeit*, damit den Steuerzahlern die Festtage nicht verdorben werden. Bis nach Neujahr sollen keine unangenehmen Briefe vom Finanzamt kommen. Und der Bund der Steuerzahler setzt noch eins drauf und hat die Städte, Gemeinden und Landkreise aufgefordert, »es der Finanzverwaltung gleichzutun und in der Zeit bis Neujahr keine belastenden Verwaltungsakte, Gebühren-, Steuer- und Beitragsbescheide mit Nachforderungen den Bürgern zuzustellen.«

B

Im Bericht der Hubschraubermannschaft, die über dem weiten Katastrophengebiet gekreist und pausenlos Versorgungsgüter abgeworfen hatte, hieß es: »Eine Landung durften wir einfach nicht wagen. Die fast verhungerten und von Elend gezeichneten Menschen hätten unsere Vögel gestürmt.« – Warum macht Gott es – um Himmels willen – anders?

C »Wir alle, die wir diese menschlich gesehen so ausweglose Zeit durchleben, tragen die Sehnsucht nach einem göttlichen Zeichen in uns. Wir schauen bewegten Herzens danach aus, ob irgendwo ein greifbarer Sinn sichtbar würde, in dem sich doch noch – allen Augenschein zum Trotz – die Spur eines göttlichen Weltregimentes zeigte. Wir sehnen uns, irgendeinem Menschen zu begegnen, in dem die Gegenwart des sonst so unsichtbaren Gottes spürbar wäre; wir suchen nach irgendeinem plausiblen Gedanken, der uns helfen könnte, das Rätsel unseres Weltgeschehens doch noch zu deuten und im Licht der Ewigkeit zu verstehen. So warten wir alle auf ein hoffnungsvolles Zeichen für die Zukunft, an dem sich ablesen ließe, dass dennoch eine große Gnade, und nicht das versteinerte Antlitz der Sphinx über der Welt steht.«[1]

D »Jetzt unpassende Geschenke bei eBay verkaufen!« – Mit dieser freundlichen Einladung präsentierte sich der Internet-Markt einen Tag nach Weihnachten 2006 …

E *Predigtanfang*

Liebe Festgemeinde: Warum eigentlich hatten die ersten VW-Käfer-Modelle Trittbretter unter den Türen? Gewiss erinnern Sie sich: Diese halbkreisförmigen Blechkisten mit dem Heckmotor und den kleinen, anfangs noch zweigeteilten Rückfenstern, die hatten Trittbretter unter den Türen.

1 Helmut Thielicke, Das Gebet, das die Welt umspannt. Reden zum Vaterunser, Stuttgart 1940 usw., 162.

Warum? – Diese Frage haben Sie jetzt nicht erwartet, hier in der Christvesper am Heiligen Abend, oder? Sondern die Weihnachtsgeschichte, die von den Hirten und den Engeln und von der Krippe und Maria und Josef – die haben Sie erwartet.

Und doch hängt das eine mit dem anderen auf eine merkwürdige Weise zusammen. Von manchen Dingen kann man nur *erzählen,* um sie zu verstehen. *Erklären* kann man sie nicht. Wir *erzählen* aus unserem Leben, wir *erklären* es nicht. Wir *erzählen* von unserer ersten großen Liebe, von unserer Hochzeit, der Geburt unseres Kindes, wir *erklären* sie nicht. Die Funktion eines neuen Flaschenöffners, die kann man und muss man erklären. Weihnachten kann man nicht erklären, von Weihnachten kann man nur erzählen. Und wenn es richtig geschieht, dann kommen wir darin vor …

Predigtschluss

Ach ja, ich bin Ihnen ja noch die Antwort auf die Frage schuldig, warum die VW-Käfer ursprünglich Trittbretter hatten. Um's kurz zu machen: Dafür gibt es keine Erklärung, die waren völlig nutzlos. Bis zur Erfindung dieses Autos beherrschte ein anderes Fahrzeug unsere Straßen, das brauchte Trittbretter. Die Pferdekutsche, die hatte so große Räder, da musste man hinaufsteigen. Der neue Käfer war viel niedriger. Leute mit kurzen Beinen konnten sogar leichter einsteigen als solche mit langen. Aber die Trittbretter blieben, ohne Sinn und Verstand, einfach aus Gewohnheit. Der Mensch ist ein Gewohnheitstier, meinten die Konstrukteure. Haben sie recht? Weihnachten jedenfalls ist zwar ein Fest mit schönen alten Traditionen, aber nichts für Gewohnheitstiere. Denn Gott kommt als hilfloses Kind zu uns. Er verändert alles.

F

Im Herbst 2012 machte eine neue Comic-Version der Weihnachtsgeschichte die Runde. Eine kirchliche Initiative in Hamburg hatte einen Wettbewerb ausgeschrieben und gewonnen hat eine Bildgeschichte von Helmut Steinbach: Er malt und erzählt die Weihnachtsgeschichte so, dass er sie sich Gott beim Backen von Weihnachtsplätzchen ausdenken lässt.

Man sieht einen fröhlichen alten Mann in rot-weiß karierter Schürze, wie er sich an einem großen Küchentisch beim Backen entspannt. Wie kann ich bloß auch den Menschen zu mehr Besinnung und Hoffnung verhelfen?, überlegt er. Dabei fällt ihm unversehens ein Ei herunter. Seine spontane Erkenntnis: Gewalt ist keine Lösung, also keine zweite Sintflut, wie er kurz in Erwägung gezogen hatte. Nein, Gewalt ist keine Lösung. Liebe muss auf die Erde, mein Sohn muss auf die Erde. Und zur Seite ruft er: »Michael, sei ein Engel, wisch das hier weg.«

Alles weitere entwickelt sich parallel zu den einzelnen Schritten des Teiganrührens und des Backvorgangs, sehr einfühlsam und amüsant erzählt. Er habe sich noch nie so intensiv mit einem Bibeltext beschäftigt, erklärt der Autor – na bitte. Ich will Ihnen hier nicht alles erzählen. Schauen Sie selbst nach: http://www.comic-kirche.de/preistraeger-comicwettbewerb/1-preistraeger-der-plan.

G

Zu Weihnachten steht das Kind in der Mitte, das Kind, in dem Gott zu uns Menschen kommt. Alles andere gehört zum Drumherum.

Aber auch das Drumherum will bedacht sein – eben deshalb, damit die Mitte die Mitte bleibt. Ein Bild braucht einen

Rahmen. Der Rahmen ist nicht das Wichtigste, er ist nicht Teil des Bildes. Er sorgt dafür, dass das Bild in der Mitte bleibt. Aber deshalb darf man den Rahmen auch nicht einfach gedankenlos zerstören. Zu leicht geht dabei auch das Bild kaputt, das, was die Mitte ausmacht.

Nehmen wir als Beispiel das Geld. In vielen Weihnachtspredigten wird über das Geld geschimpft. Eigentlich ginge es doch um die Besinnlichkeit oder wie das dann immer genannt wird. Und die Zuhörer ärgern sich über solche Predigten. Denn sie wollen gerade zu Weihnachten nicht über das Geld nachdenken, das sie gerade zu Weihnachten in aller Regel reichlich ausgegeben haben. »Über Geld spricht man nicht«, sagt eine Redensart. Und die stillschweigende Ergänzung lautet: »Geld hat man.«

Die Bibel redet vom Geld zu Weihnachten. Sie erzählt, dass Jesus im Zuge einer Steuererhebung in Bethlehem geboren wurde und dass sich so die Verheißungen der Propheten erfüllte. Geld gehört also im Sinne der Bibel zum wichtigen Rahmen des Weihnachtsevangeliums. Wie denken und reden wir heute angemessen vom Geld? Und damit angemessen von Weihnachten?

Ich habe in Langeoog einmal die fällige Kollekte für »Brot für die Welt« damit auf Trab bringen wollen, dass ich sagte: »Wenn jeder so viel in die Kollekte tue, wie er für seinen Weihnachtsbaum – nur für den Weihnachtsbaum, nicht für all das andere! – ausgegeben hat, dann dürfte eine angemessene Summe zusammen kommen.« Das Ergebnis war deutlich schlechter als in allen anderen Jahren.

H

Das Lied »Jesus ist geboren in Bethlehem und überall«[2] spricht nicht von den Zeichen, die der Engel den Hirten im Weihnachtsevangelium nennt. Ich habe mir darum die Freiheit genommen, das Lied um einige Strophen zu erweitern, in denen heute erlebbare Zeichen genannt werden:

Das Kind wird euch ganz nahe sein in eurer Alltagswelt;
denn Kinder haben, was ihr schätzt, um kargen Lohn erstellt.

Jesus ist geboren in Bethlehem und überall …

Die Nacht im Stall ist Not und Angst, kein freundliches Idyll.
Er kommt zu dir in dunkler Haut und bittet um Asyl.

Jesus ist geboren in Bethlehem und überall …

Er stirbt am Kreuz und lebt für uns, enttäuscht dein Bild vom Glück.
Bring in den Stall, was dich besitzt, und nimm von dort zurück:

Jesus ist geboren …

Er bricht sich dir und wird durch dich zum Brot für alle Welt.
Als Keim des Friedens hat sich Gott ein Flüchtlingskind erwählt.

Jesus ist geboren …

2 Text: Friedrich Karl Barth / Peter Horst; Musik: Fritz Baltruweit.

In Jütland, so las ich dieser Tage, gibt es eine Kirche, da verharren die Gemeindeglieder beim Betreten kurz an der Eingangstür, wenden sich nach links und machen, Männer, Frauen und Kinder gleichermaßen, eine Verbeugung, ganz selbstverständlich. Der Gast von auswärts wundert sich; denn da ist nichts als eine weißgetünchte Wand. Auf Nachfragen erfährt er: Früher, vor vielen, vielen Jahren, stand vor dieser Wand eine Marienfigur. Ihr galt dieses Zeichen der Verehrung. Später ist sie irgendwann verschwunden, niemand weiß mehr genau, unter welchen Umständen. Aber der Brauch des Verneigens ist geblieben …

»Es war ja ganz schön. Aber es war so gar nichts drin, was einem einen kalten Schauer den Rücken runterjagt«, hat ein junger Mann letztes Jahr nach der Christvesper gesagt. Nicht hier, irgendwo anders, aber das spielt ja keine Rolle. Wichtig und typisch scheint mir diese Erwartung – eines jungen Mannes von 21 Jahren, nicht irgendeiner rührseligen alten Dame!

Wahrscheinlich kommt er an normalen Sonntagen gar nicht auf die Idee, in die Kirche zu gehen, der junge Mann, weil ihm die Bibel und die kirchliche Tradition fremd sind und er ohnehin immer anderes zu tun hat am Sonntagvormittag. Aber heute, da möchte er erleben, dass ihm ein kalter Schauer den Rücken runterjagt. – Das hat wohl etwas mit dem Kind zu tun, überlege ich: mit dem Kind in der Krippe und mit dem Kind in uns.

K

Hören wir die Beschreibung [über die römischen »Volkszählungen«] des Römers Laktanz, der weniger zurückhaltend ist [als Lukas]: »Die Steuerbeamten erschienen allerorts und brachten alles in Aufruhr. Die Äcker wurden Scholle für Scholle vermessen; jeder Weinstock und Obstbaum wurde gezählt, jedes Stück Vieh registriert, die Kopfzahl der Menschen wurde notiert. In den Städten wurde die Bevölkerung zusammengetrieben, alle Marktplätze waren verstopft von herdenweise aufmarschierenden Familien. Überall hörte man das Schreien derer, die mit Folter und Stockschlägen verhört wurden; man spielte Söhne gegen Väter aus, die Frauen gegen ihre Ehemänner. Wenn alles vergeblich durchprobiert war, folterte man die Steuerpflichtigen, bis sie gegen sich selbst aussagten. Und wenn der Schmerz gesiegt hatte, schrieb man steuerpflichtigen Besitz auf, der gar nicht existierte. Es gab keine Rücksichtnahme auf Alter und Gesundheitszustand« (De Mortibus Persecutorum 23,1 ff.).[3]

L

In der vorweihnachtlichen Reklame wird schon seit langem ein erstaunlicher Geschmack entwickelt. Ein Prachtexemplar dieser Gattung, eine Zigarettenreklame, entdeckte ich in einem Nachrichtenmagazin: Oben ein Bild, auf dem ein feister Weihnachtsmann genüsslich zwei zigarettenrauchende Weihnachtsengel in weißen Nachthemden, mit weißen Schwanenflügeln und selbstverständlich nach der letzten Haarmode frisiert an sich drückt. Und darunter der

---

3 Aus: Helmut Gollwitzer/ Pinchas Lapide, Ein Flüchtlingskind – Auslegungen zu Lukas 2, Kaiser Traktate 63, München 1981, 16.

markige Text: »Das wird ein herzhaftes, naturechtes Weihnachtsfest ohne Filter, wird das, echt.«

Man muss vielleicht erst den Schreck über den barbarischen Umgang mit unsern Weihnachtsbildern überwinden, um nach und nach zu entdecken, dass hier im Grunde ein faszinierender Gedanke zum Ausdruck kommt: ein Weihnachtsfest ohne Filter. Naturecht. Herzhaft. Weihnachten ohne Filter.

Ich habe jüngst Weihnachten am Golf gefeiert, in einem sehr selbstbewusst muslimischen Land, in dem Kirchen keine Kirchen sein dürfen und keine Glocken läuten. In dem die Weihnachtstage Arbeitstage sind, in dem es keine Weihnachtsbäume gibt und am Heiligen Abend 30 Grad Hitze herrschen. In einer Stadt, die von einem mörderischen Autoverkehr bestimmt ist, so dass jeder jedes Mal froh ist, wenn er sein Ziel unbeschadet erreicht hat. Man glaubt gar nicht, wie schwer es da ist, Weihnachten zu feiern mit Menschen, die alle tief im Innern von einer weißen Weihnacht in einer lichtgeschmückten Kirche träumen. Weihnachten ohne Filter!

M

Beim Anblick des Weihnachtsbaums muss ich immer wieder an eine Geschichte denken, die ich in Oldenburg erlebt habe im Winter 1977. Damals führte mich mein täglicher Weg von der Wohnung in mein Büro im Oberkirchenrat am Gefängnis vorbei, das zur Straße hin durch eine hohe Mauer gesichert ist. Eines Tages – es war in der Woche zwischen dem zweiten und dritten Advent – entdeckte ich im Gefängnishof einen Weihnachtsbaum, eine Tanne, mit elektrischen Kerzen besteckt, wie sie in dieser Zeit vor vielen öffentlichen und privaten Gebäuden steht.

Dass ich sie entdeckte, war eigentlich ein Zufall. Es gab nämlich nur eine einzige Stelle, von der aus man über die hohe Gefängnismauer schauen konnte, da nämlich, wo der Bürgersteig wegen der Rollstuhlauffahrt zu einem gegenübergelegenen Verwaltungsgebäude vor einiger Zeit erhöht worden war. Ein Geräusch aus dem Innern des Gefängnisses, eine Autohupe von der jenseits gelegenen Straße – irgendetwas musste mich veranlasst haben, gerade in diesem Moment den Kopf zu wenden – und da stand der Baum, dicht an der Mauer, direkt unter den Zellenfenstern, im unmittelbaren Blickfeld der Wachstube neben der großen Toreinfahrt. Durch dieses Tor hätte man ihn auch sehen können, aber das war natürlich, wie es sich für ein Gefängnis gehört, immer geschlossen.

Mein erster Gedanke war: Merkwürdig, dass du das erst heute entdeckt hast! Alles sprach dafür, dass ich fast zwei Wochen lang, manchmal mehrmals täglich, hier vorbeigegangen war, ohne den Baum zu sehen. Zumindest im Dunkeln hätte mich doch der Lichtschein aufmerksam machen müssen. Aber dann wurde mir klar, warum das nicht geschehen war. Schuld hatten die Scheinwerfer, riesige Lampen mit tausendfacher Wattstärke, die täglich vom Einbruch der Dunkelheit an bis zum nächsten Morgen die ganze Front des Gebäudes mit den Zellenfenstern taghell erleuchteten. Aus Sicherheitsgründen, wie es hieß. Klar, dass da ein paar Weihnachtsbaumkerzen nichts ausrichten konnten.

Spüren Sie die Hintergründigkeit dieser Szene? Mit dem wirklichen Inhalt von Weihnachten ist es doch oft genauso wie mit diesem Tannenbaum. Wir haben so viele grelle Lampen und hohe Mauern darum aufgerichtet, dass wir das eigentliche Zentrum des Festes oft genug gar nicht mehr wahrnehmen können …

Aber die Geschichte von dem Weihnachtsbaum geht noch weiter: Beim näheren Hinsehen fiel mir nämlich auf: Man hatte den Baum nur auf der einen Seite mit Kerzen geschmückt, auf der Seite, die der Straße und dem Dienstraum der Vollzugsbeamten zugewendet war. Dass die Gefangenen, wenn sie aus ihren Zellenfenstern schauten, nur die kahle Seite zu sehen bekamen, daran hatte offenbar keiner gedacht.

Ich will nicht unterstellen, dass das böse Absicht war. Ich denke im Gegenteil: Die Leute, die den Baum aufgestellt hatten, wollten sich selbst daran erinnern, dass jetzt Weihnachtszeit ist und dass man das vielleicht auch im Umgang mit den Gefangenen merken sollte. Aber sie hatten eben doch nur an sich gedacht. Ich frage mich: Ist der Lichterbaum, den wir mit diesem Gottesdienst und mit unseren Feiern zu Hause, bildlich gesprochen, aufstellen, womöglich auch nur auf der uns zugewandten Seite erleuchtet? Und wer schaut heute Abend ins Dunkle?

Aber – ich sage bewusst: Gott sei Dank! – die Geschichte vom Weihnachtsbaum im Gefängnishof ist auch damit noch nicht zu Ende gewesen. Ich habe an den nächsten Tagen natürlich öfter hingeschaut, teils ärgerlich, teils nachdenklich. Und auf einmal, kurz vor Weihnachten, gab's eine Überraschung: Gleichmäßig leuchteten die Kerzen nach allen Seiten. Irgendjemand hatte sie umgesteckt. Da habe ich mich zuerst sehr geschämt. Offenbar hat ein anderer Zaungast, der sich wie ich geärgert hat über die Lieblosigkeit dieses Baumes, die Courage besessen, die Beamten auf ihren Fehler aufmerksam zu machen. Oder es war einem von ihnen selber aufgefallen. Jedenfalls: Ich hatte nichts getan …

Weihnachten beginnt oben, ganz oben. »Vom Himmel hoch« kommt der Engel, der den Hirten verkündet: Euch ist heute der Heiland, der Retter geborgen. Und die Sterndeuter, die Weisen aus dem Morgenland, entdecken den neuen Stern, der sie in Bewegung setzt, natürlich oben am Himmel – wo sonst? Aber die Bewegung, die das auslöst, vollzieht sich beide Mal auf der Erde. Und damit in den kleinen Schritten, die uns als Menschen möglich sind.

Das ist es, was wir zu Weihnachten feiern: Dass sich Gott entschlossen hat von oben her einzugreifen, um sein Heil durchzusetzen. Von oben nach ganz unten, das ist so irritierend. Dass die Veränderungen von oben kommen, ist ja etwas, was sich eigentlich gut in unser Denken fügt. »Die da oben« müssten es machen: den Frieden; die Rettung des Klimas; die Überwindung der weiten Kluft zwischen arm und reich. »Die da oben, die müssten endlich …« – und dann entsteht in der Regel eine kleine Pause und es folgt vielleicht noch: » … was machen«. Denn was genau, das wissen wir auch nicht, das müssen die doch wissen, die da oben.

So gesehen passt Weihnachten gut ins Bild. Vielleicht ist es deshalb ein so populäres Fest geworden bei uns. Aber wir müssen aufpassen, wir Christen, dass dabei nicht alles falsch wird. Es ist noch nicht so lange her, da hat die Welt einen gefeiert, der von oben kam. Ganz von oben. Und wir mussten gar nichts machen. Wir konnten einfach staunend zugucken. Das war ein Fest! So haben wir's gern. Und die Jubelchöre der Medien auf der ganzen Welt sangen dazu ihr gloria in excelsis.

Am 14.10.2012 sprang der Österreicher Felix Baumgartner über Roswell / New Mexico aus seinem Ballon in der Stratosphäre und stürzte sich auf die Erde. Eine Woche später schrieb der »Stern«: »Vor allem war es der Triumph eines österreichischen Dickschädels, der bewiesen hat, was möglich ist, wenn man bedingungslos an sich glaubt und sich weigert, Grenzen zu akzeptieren (Nr. 48 – 18.1012 S. 36).

Gott hat sich auch geweigert, Grenzen zu akzeptieren, dachte ich, als ich das las. Und doch war bei ihm alles ganz anders. Eine einzige Kleinigkeit macht das in bezeichnender Weise deutlich: An der Krippe des Jesuskindes stand ein gemächlich wiederkäuender Ochse, wie jedes Kind weiß und hunderte Bilder es zeigen. Bei Felix Baumgartner war es ein roter Bulle, *Redbull*, der die Geschichte begleitete. Sage keiner, das sei ein Zufall. Der da am 14. Oktober vom Himmel auf die Erde kam, wollte sich selbst beweisen, dass er der Größte ist. Heute kommt einer zu uns auf unsere Erde, der ganz klein sein will, um die zu befreien, die sich entweder selbst klein machen oder von anderen klein gemacht werden. Durch Glauben und Liebe befreien. Unseren Glauben und unsere Liebe.

Jede Geburt bedeutet für die unmittelbar Beteiligten eine Krise, im Grunde geht es immer um Leben und Tod, wenn ein Kind geboren wird. Die Entscheidung Gottes, seinen Sohn als Kind der Jüdin Mirjam geboren werden zu lassen, war schon damals in Bethlehem eine Sache auf Leben und Tod. Die Begleitumstände der Geburt, die angebliche Volkszählung, die nur der Eintreibung von Kriegssteuern diente, war in Wirklichkeit eine schrecklich brutale Angelegenheit, wie wir aus zeitgenössischen Quellen wissen. Am Karfreitag wurde das dann vor aller Welt offenbar. Insofern zeugt die uralte Sitte der Künstler, die Krippe oder den Stall in Bethlehem so zu malen, dass sie an dieser oder jener Stelle für das Kreuz auf Golgatha durchsichtig werden, von einem tiefen Verstehen der Weihnachtsgeschichte.

Das mindert unsere Weihnachtsfreude nicht. Denn die dem Kind von Anfang mitgegebene Lebensgefahr will ausdrücken: Hier geht's tatsächlich ums Ganze. In der Weihnachtsgeschichte des Matthäus wird das ausgemalt: Der beleidigte und eifersüchtig um seine Macht bangende König Herodes schickt alsbald seine Soldaten los, um alle Neugeborenen in Bethlehem umbringen zu lassen. Und Jesus entgeht diesem Inferno nur, weil die Eltern, durch einen Traum gewarnt, noch rechtzeitig die Grenze nach Ägypten überschreiten. Jesus, ein Asylant, ein Migrantenkind. Und die Ägypter haben damals nicht »Wirtschaftsflüchtlinge« gemurmelt und die Familie auf die nächste Kamelkarawane nach Jerusalem gesetzt. Dabei klang das doch gewiss nicht besonders überzeugend: ein mittelloser Zimmermann aus Galilea, dessen Sohn der König Herodes als Konkurrenten fürchtet und ihm nach dem Leben trachtet. »Ausgerechnet dein Sohn«, hätten sie spotten können; »auf den hat Herodes auch gerade gewartet!« Aber so haben sie nicht geredet, die Ägypter. Sie haben Josef und die Seinen bei sich aufgenommen, Wirtschaftsflüchtlinge hin oder her. Ich weiß gar nicht, woher bestimmte Christen bei uns die Unverfrorenheit nehmen, zu behaupten, mit Politik habe das Evangelium nichts zu tun. Es hatte von Anfang an mit Politik zu tun, das zeigt auch der Volkszählungsbefehl in der Weihnachtsgeschichte des Lukas.

Der bekannte marxistische Philosoph Ernst Bloch hat einmal gesagt: Der christliche Glauben lebt vom »Geheimnis der Kleinheit. Daher wird das Kind in der Krippe so wichtig zusammen mit der Niedrigkeit der Umstände im abseitigen Stall. Das Unerwartete, den Erlöser als hilfloses Kind zu finden, teilt sich der christlichen Liebe dauernd mit. So sieht sie das Hilflose als bedeutend, das auf der Erde Verworfene als berufen an. Daher hat sie in keinem bisherigen moralischen Glauben bis jetzt ihresgleichen.«[4]

Entsprechend fällt das Zeichen aus, das den Hirten in der Weihnachtsgeschichte gegeben wird: »Und das habt zum Zeichen«, sagt der Engel, »ihr werdet finden das Kind in Windeln gewickelt und in einer Krippe liegen.«

»Windeln brauchen wir«, kommentiert der Professor für Neues Testament, Gerd Theißen, diesen Satz der Weihnachtsgeschichte trocken, »für Säuglinge wie für Greise aus bekannten Gründen. Wenn die Gottheit in Windeln gewickelt war, dann liegt über der Pflege aller Menschen am Anfang ihres Lebens und an deren Ende das Licht der Liebe Gottes!« Wir können nicht zulassen, dass die Probleme, wie man unter heutigen Verhältnissen Beruf und Familie mit kleinen Kindern unter einen Hut bringen soll, allein von den jungen Eltern bewältigt werden müssen. Und wir können ebenso wenig zulassen, dass die Frage, wie lange ein menschliches Leben lebenswert ist, vom Geld entschieden wird.

Das Lied »Das muss ein Engel gewesen sein«[5] erzählt von Engelgeschichten in der Bibel. Natürlich auch von der Weihnachtsgeschichte. Aber mir kommt dabei zu kurz, was diese Engelgeschichten mit uns machen. Deshalb habe ich dem Lied ein paar Strophen hinzugefügt:

---

4 Zit. bei Roman Roessler, Predigtstudien III,1 1986, 53.
5 Musik: Lele und Detlev Jöcker; Text: Rolf Krenzer.

Weinende Kinder in Armut und Not. Sie schreien nach Wasser, nach Liebe und Brot. Und plötzlich sind sie da:
Offene Herzen, so viele Engel von fern und nah.
Offene Herzen, so viele Engel von fern und nah.

Hände wie deine, wie du sein Gesicht. Wie kannst du denn sagen: Ich? Ich kann das nicht? Du bist Gott nicht zu klein!
Du kannst ein Engel, wirklich, ein Engel für andre sein.
Du kannst ein Engel, wirklich, ein Engel für andre sein.

Weihnachten erzählt vom Heil von oben, ganz unten, ein Heil, das um sich greift, indem etwas kaputtgeht. Bethlehem, Beth-Lehem heißt auf Hebräisch Haus des Brotes. Brothausen, würden wir sagen. Brot sah damals ungefähr so aus wie Fladenbrot heute. Man zerbrach es und verteilte es unter die am Tisch Versammelten. Das Abendmahl, das wir heute feiern, lebt von dieser Geste des Zerbrechens. Der in Bethlehem geboren ist, nimmt später kurz vor seinem Tod am Kreuz das Brot, bricht es durch und sagt: »Das ist mein Leib. So werde ich morgen zerbrochen werden. Aber wie dieses Brot nur so zu jedem von Euch kommt, wenn ich es zerbreche, so muss auch ich zerbrochen werden, um bei jedem von euch zu sein, um euch Gottes Heil zu bringen, jedem ganz persönlich.«

Und dann, als er den Kelch in die Hand nimmt, setzt er noch eins drauf: »Trinkt nun alle aus diesem meinem Kelch«, sagt er, »er ist der Bund in meinem Blut.« Meine Konfirmanden brauchte ich, wenn ich ihnen das Abendmahl erklärte, nicht lange zu schubsen, bis sie darauf kamen: Was machen siegreiche Teams beim Sport? Sie füllen den gewonnenen

Pokal und trinken nacheinander daraus. So hat Jesus schon vor seinem Tod seine Jünger eingeladen, mit ihm den Sieg zu feiern, den er am Kreuz über Tod und Teufel erringen wird. »Solches tut zu meinem Gedächtnis«, heißt es in den Abendmahlsworten.

Heute stehen wir am Anfang dieser Geschichte. Sie erzählt davon, auf Grund welcher gewalttätigen Macht Jesus in Bethlehem, in Brothausen, geboren wurde. Die Gewalttätigkeit ist sein Begleiter geblieben bis zu dem Hügel bei Jerusalem, den man Schädel nannte, Golgatha. Aber eben so schenkt Gott uns das Heil, gebrochen, weil es in dieser Welt kein ungebrochenes Leben gibt.

In diesem Jahr feiere ich zum ersten Mal in meinem langen Pastorenleben Weihnachten an Orten, in denen die Wüste und die Weisen aus dem Morgenland sozusagen vor der Tür liegen. Deshalb legt es sich nahe, über den Weg dieser Männer nachzudenken statt über die Hirten und zu überlegen, inwiefern er für unser Christsein zeichenhaft ist.

Ich denke an die große Hitze, die sie täglich begleitete. Die lähmt, die macht müde, die ist, längst ehe man es bemerkt, lebensgefährlich. Ich denke an die Sandstürme, die klar markierte Wege in kürzester Zeit unsichtbar machen und jede Orientierung verhindern. Ich denke an die in der Hitze flimmernde Luft und die berühmte Fata Morgana. Bei einem klugen Mann las ich den Satz: »Eine Fata Morgana spiegelt – so gewiss sie selbst wirklich ist – die wirkliche Wirklichkeit nur vor. Sie ist kein Hirngespinst unserer Fantasie, aber doch nur ein Vorbote von dem, was noch fern ist.« Sie ist also, wenn ich das richtig verstehe, eine sichtbar gewordene Hoffnung.

Nichts Reales, was man anfassen und in dem man sich einrichten kann, aber doch auch nicht nur Lug und Trug. Ein brauchbares Bild für Vertrauen? Ich weiß es nicht, ich habe noch keine Fata Morgana erlebt. Aber ich halte es für denkbar, dass die Weisen aus dem Morgenland auch von solchen Bildern bestärkt wurden auf ihrem langen, mühsamen Weg.

Die Stimmen der Anbetung

Wir suchen dich nicht.
Wir finden dich nicht.
Du suchst und Du findest uns,
Ewiges Licht.

Wir lieben Dich wenig,
Wir dienen Dir schlecht,
Du liebst und Du dienst uns,
Ewiger Knecht.

Wir eifern in Unserm
Am selbstischen Ort,
Du mußt um uns eifern,

Ewiges Wort.
Wir können Dich, Kind
In der Krippe, nicht fassen.
Wir können die Botschaft nur
Wahr sein lassen.

Albrecht Goes[6]

---

6 In: Ders., Lichtschatten du. Gedichte aus fünfzig Jahren. © S. Fischer Verlag GmbH, Frankfurt a. M., 1978, 198.

U

(Das ist) schwer … für die Predigerin und den Prediger, die aus den weihnachtlichen Zutaten alle Jahre wieder ein neues Menü zaubern möchten, das Abwechslung bietet und doch immer dieselben Geschmacksnerven bedienen soll …. Das neu geborene Gottes- und Jesuskind ist ganz wehrlos … Es ist einfach da, darf einen Gottesdienst lang bestaunt und besungen werden und muss noch nicht mal mit nach Hause genommen werden.

Martina Reister-Ulrichs[7]

V

Alle Jahre wieder kommt das Christuskind … – Es tut ihr doppelt weh, dass er gerade diesen Vers gewählt hat, um seinem Spott Ausdruck zu geben. Wie oft hat sie ihm dieses Lied vorgesungen, damals, und welches Glücksgefühl, als der Kleine die ersten Töne mitlallte. Später war es zur festen Einrichtung geworden: das gemeinsame Singen an den Adventssonntagen, mit Transparenten und Kerzenlicht, dem Kranz und den Kalendern, an denen jeden Tag ein Fenster geöffnet wurde.

Er hatte das Gedicht aufgesagt, das er in der Schule gelernt hatte, und sie eine Geschichte vorgelesen von Kindern, die sich Weihnachten nicht leisten konnten und dann doch beschenkt wurden.

Und heute schreibt er: »Gott, das ist doch nur eine sentimentale Schnulze, Feierlichkeit aus geriebenen Pfefferkuchen und Teepunsch, die alle Jahre wieder verordnete und genüss-

7 In Predigtstudien 2005/06 IV, 1, 48 f.

lich geschlürfte Infantilität einer unmündigen Gesellschaft. Gott, das ist Gestrigkeit par excellence!«

Sie spürt hinter den starken Worten die Wut, die verletzen will. Aber sie hört auch die leise Stimme der Angst und die Hoffnung, sie möge diesen Schlägen standhalten.

Nein, nicht sie, sondern das, was sie ihm hat weitergeben wollen in all den Jahren, diese unbeirrbare Zuversicht, dass alles ein Ziel hat, diese zähe Entschlossenheit, dem Möglichen einen ebenso großen Wahrheitsgrad zuzugestehen wie dem Faktischen, diesen – ja diesen Gott, der die Erde nicht »alle Jahre wieder« berührt wie der Gummiball den Boden, bis seine Elastizität verbraucht ist, sondern der auf dieser Erde Raum greift, wo es der eine nicht mehr und der andere noch nicht vermutet, der Türen öffnet, die verschlossen schienen, und Licht macht, wo Finsternis regiert.

Vielleicht waren ihre Feiern nicht transparent genug für diese andere Wirklichkeit. Vielleicht konnte er in dem, was sie als Symbol gemeint hatte, nur die Idylle sehen. Sie muss es ihm schreiben, sagt sie sich, sie muss aussprechen, was sie nur anzudeuten wagte: Gott, das ist Zukunft par excellence!

Vermischte Funde aus dem Internet:[8]

- Die Kirche Roms hat durch die Einführung des Weihnachtsfestes das Christentum gerettet. (Paul Anton de Lagarde)
- Fatal, dass so viele Leute nur Weihnachten feiern, weil so viele Leute Weihnachten feiern. (Kurt Tucholsky, Kleine Reise)

---

8 Das große Z, die Recherchedatenbank für Aphorismen, Zitate usw. © 1992–2013 Manfred Pauls.

- Bei der Knappheit an Fett, Seife und Lichtern ist in diesem Jahre eine freiwillige Einschränkung im Gebrauch von Weihnachtskerzen dringend geboten. Am schönsten wäre es, wenn jedem Weihnachtsbaum nur eine Kerze aufgesteckt würde. (Vossische Zeitung, 7.12.1916)
- Schafft Weihnachten ab – Joseph hat alles zugegeben! (Wandspruch aus Deutschland)

»Probieren wir das Ungewöhnliche zu einer Zeit, die immer gewöhnlicher wird«, sagt Werner zu seiner Frau Susann in einem Krippenspiel. Ein nicht ganz gewöhnliches Krippenspiel – Sie ahnen richtig. Auf jeden Fall ein Krippenspiel, bei dem auch Erwachsene nicht nur freundlich-geduldige Zuschauer bleiben.

Josef, eigentlich Zimmermann, hatte einen Job bei der Post angenommen – »Wer macht heute schon noch das, was er gelernt hat?«, erklärt er den Wechsel. Klar! Arbeitslosigkeit, das sagt man nicht gern … Inzwischen ist er allerdings wieder arbeitslos, die Postfiliale wurde geschlossen … Der Autor des Krippenspiels kennt sich offenbar aus mit unseren Realitäten.

In seiner Verzweiflung ist der arbeitslose Josef in das leer stehende Haus von Dr. Sakul eingebrochen. Er weiß sich nicht anders zu helfen. Maria, seine Frau, ist hochschwanger, aber sie haben kein Dach über dem Kopf. Die Wohnung wurde ihnen kurzfristig gekündigt. Eigenbedarf. Dass das Haus von Dr. Sakul leer steht, hat Josef an seinem letzten Tag als Postbote mitgekriegt.

Ein Brief war nicht ordentlich verschlossen und fiel heraus. Darin bestätigte der Hotelmanager des Inselhotels Ratakira einem Dr. Sakul in der hiesigen Mehelhtebstraße Nummer 1, dass das gewünschte Appartement vom 22.12. bis 3.1. für zwei Personen verbindlich gebucht sei. Postbote Josef hat das als einen Wink des Himmels verstanden.

Ein kurzer Schlag gegen die kleine Fensterscheibe der Hintertür in der Mehelhtebstraße Nummer 1. Es war ganz einfach. Nun steht Josef im dunklen Flur und will sich gerade zur Haustür vortasten, um Maria, die frierend draußen Schmiere steht, hereinzulassen, da begegnet ihm Werner.

Josef hält Werner in seiner Verwirrung für einen Kollegen, der auch eine warme Stube sucht wie er. Die Hausbesitzer sind ja weit weg, im Hotel Ratakira, weiß er. Kurz entschlossen beginnt Josef, sich mit dem vermeintlichen Konkurrenten zu verbünden. Ein amüsanter Ganovendialog schließt sich an. Der Zuschauer ahnt zwar, dass da was nicht stimmt, vor allem, als wenig später auch Werners Frau Susann auftaucht. Aber beide lassen Josef in seinem Glauben und geben so auch dem Zuschauer keine Chance, sich über den wirklichen Sachverhalt klar zu werden.

Erst nach und nach wird erkennbar: Dr. Werner Sakul und seine Frau haben den Urlaub auf der Südseeinsel gar nicht angetreten. Sie haben ihn vielmehr als Finte benutzt, um ungestört von lästigen Verwandten und Freunden zu Hause bei Kerzenschimmer ihre Zweisamkeit zu genießen. Eine teure Finte, gewiss, aber Geld spielt keine Rolle im Hause Sakul. Umso überraschender für die beiden diese Wende durch Maria und Josef, zwei Menschen, die da ganz anders dran sind als die Sakuls.

Im Lauf der Verhandlungen beginnen bei Maria die Wehen und das Kind wird geboren, in Susanns Bett … Am Schluss sitzen Werner und Susann auf ihrem Sofa im Wohnzimmer – und wundern sich. »Es ist verrückt. Wir sind verrückt.« sagt Susann. »Das glaubt uns kein Mensch. Ich glaube es selber kaum. Da schläft diese Frau mit ihrem Kind in meinem Bett!« Und Werner korrigiert: »In unserem Bett!«

Die Geburt des Kindes hat alles verrückt. Die Armen, die nicht zahlen können, haben ein Bett. Und die Reichen, die sich mit Zahlen ihr Glück kaufen wollten, wundern sich. Ist das alles? Ja, das ist alles. Ein Kind ist geboren. Mehr nicht? Nein, mehr nicht. Das ist Weihnachten.

Allerdings: Eine Kleinigkeit folgt noch bei der Weihnachtsfeier im Hause Sakul. Aber die verrate ich nicht. Darauf müssen Sie selbst kommen. Mein Vorschlag: Sie setzen sich nachher zu Hause zusammen und denken sich einen möglichen Schluss aus für diese Geschichte von Maria und Josef im Hause Sakul. Man kann daraus ein richtiges Spiel machen, ein Weihnachtsspiel für die ganze Familie: Wer erfindet den besten Schluss? Den besten Schluss für beide: Für Susann und Werner. Und für Josef und Maria.

Jede(r) Mitspieler schreibt seine Ideen auf. Und dann wird diskutiert und bewertet. Wenn's gut läuft, werden Sie damit heute Abend nicht fertig.

Die Originalgeschichte lautet übrigens »Gebrochenes Glas – fast ein Weihnachtskrimi«, von Uwe Teich.[9] Aber vielleicht können Sie es ja besser …

»Ich habe wohl dutzend Male über diesen Text zu predigen versucht (Lk 2, die Weihnachtsgeschichte). Dabei kann man gar nicht ernsthaft »über ihn« predi-

9 Gebrochenes Glas – fast ein Weihnachtskrimi, von Uwe Teich. In: Krippenspiele. 12 Weihnachtsspiele aus der Praxis. Boris Michael Gruhl (Hg.). Leipzig 2005 S. 25–47.

gen. Meine einfache Bauerngemeinde in Oberschlesien hat das wohl geahnt. Sie ließ am Heiligen Abend ihren Pastor nur diese Geschichte vorlesen, langsam und auch in drei Abschnitten, kein Wort darüber hinaus. Natürlich auch, weil die Kirche kalt und dunkel war und das Vieh auf die Fütterung wartete. Man kann die Geschichte nur nacherzählen oder kann über die eine oder andere Gestalt nachdenken und sie in die Welt stellen, in der wir leben …

Alle Maße werden verändert. Du brauchst nur an diese Geschichte zu rühren und du berührst den starken Strom der Freiheit der Kinder Gottes, nichts von Idylle. Genau genommen: Revolution. Und das mit diesen Bildern: Maria mit dem Kinde, die erschrockenen Männer auf dem Felde, das Blöken der Schafe – und ein ferner Kaiser, der schläft und nicht weiß, dass dies Kind sein Kaiserreich zerbrechen wird. Und Licht, viel Licht, unbeschreibliches Licht.«

Heinrich Albertz[10]

Z

Diesmal bin ich beim Lesen des Weihnachtsevangelium an dem Satz hängen geblieben: »Und das habt zum Zeichen.« Nicht bei: »große Freude, die allem Volk widerfahren wird.« Das drängt sich ja schnell in den Vordergrund, weil Freude schön ist und das Miese und Traurige vergessen macht. Und wer will das schon zu Weihnachten, das Traurige und das Miese? »Fröhliche Weihnachten« wünschen wir uns.

---

10 In: Kleines Weihnachtsbrevier, Wilhelm Horkel (Hg.), ev. Buchhilfe 2000.

Ich bin diesmal auch nicht hängen geblieben bei: »Friede auf Erden«. Das ist mir oft passiert in meinen Weihnachtspredigten, nicht selten zum Missfallen meiner Zuhörer …

Beinahe wäre ich bei Augustus und Quirinius und ihrem Steuergesetz hängen geblieben: Es begab sich zu der Zeit, als ein Gebot von »Standard and Poors« ausging, dass alle Welt geschätzt würde …

Aber nein, das alles nicht. Meine Gedanken machten sich stattdessen fest an dem scheinbar nebensächlichen Sätzchen »und das habt zum Zeichen«. Vielleicht lag es daran, dass ich kurz vor Weihnachten einen Rundbrief eines alten Freundes und Kollegen erhielt, der die PastorInnen und ihre Gemeinden bat, darüber nachzudenken, ob sie an ihrem Ort zu Weihnachten nicht auch einen speziellen Gottesdienst für Trauernde halten wollten. Und als Beleg, dass das Sinn machen könnte, zitierte er eine Pastorin, die solche Gottesdienste schon seit mehreren Jahren an Heilig Abend anbietet: »Es kommen Menschen, die sich vor der ungebrochenen Fröhlichkeit unserer normalen Christvespern fürchten, ist ihre Erfahrung. Die wollen kein Weihnachten mit Lametta und Krippenspiel. Die wollen weinen dürfen.«

Und eine Mutter, die vor einigen Jahren ihren Jüngsten mit 13 Jahren an Leukämie verloren hat, sagt, sie fühle sich geradezu belästigt von der Fröhlichkeit, die auch manche Pastoren in den Kirchen so pausbäckig proklamierten. Sie ginge deshalb Weihnachten nicht mehr zur Kirche. Nur manchmal bliebe sie auf ihrem einsamen Spaziergang unter den erleuchteten Kirchenfenstern stehen, wenn da tröstliche Musik herausklänge.

Das hat in mir weiter gearbeitet. Und als ich dann zur Vorbereitung dieser Predigt wieder die Weihnachtsgeschichte las, bin ich spontan an den Worten »und das habt zum Zeichen«

hängen geblieben. Wie oft hat jene Mutter während der dreijährigen Krankengeschichte ihres Jungen nach einem Zeichen Ausschau gehalten? Nach einem Nachlassen des Fiebers, einem Wiederaufleben des Appetits oder einem ermutigenden Befund bei der Blutanalyse?

Besinnlich und Befremdlich

Von Thomas Hirsch-Hüffell

Die heilige Familie

Jesus hat sie erlebt, Frau Schneider-Lützgendorf auch; und wer keine hatte, sucht sich eine: Familie. Man stammt immer aus einer, auch wenn man sie verflucht oder in einer weiterzuleben vermeidet. Und was mit den eigenen Kindern und PartnerInnen gelingt, beruht oft auf dem, was zu Haus gelang.

Dies und mehr wird wach, wenn man die heilige Familie anschaut, so traulich und so wunderbar arm, wie sie da hockt und steht und liegt. Wie es der Staat verlangt, ziehen sie tagelang hochschwanger zu Fuß umher. Keine Spur der Empörung (»Ich lasse mich nicht erfassen!«), keine Atteste. Niemand meldet sich krank. Man tut, was alle tun – eine also mit Gott unter dem Herzen. Aber folgen sie nur der Staatsräson? Oder spürt man der Geschichte ab, dass eine andere Macht dahintersteckt, die aus verstreuten Regierungsdekreten eine göttliche Fügung strickt?

Wir sehen Leute, die einfach folgen: Maria schon, als alles losging mit dem ungebetenen Engel im Zimmer; Josef mit seiner Mischung aus Wut und Anstand gegenüber der Frau, die schwanger ist, aber nicht von ihm. Sie folgen – nicht willenlos, aber doch wie Millionen kleiner Leute, die tun, was angesagt ist. Und durch dieses Tun schimmert der göttlich-gute Wille, hier etwas himmlisch Freiwilliges mitten im Getriebe der menschlichen Notwendigkeiten zu tun. Anzukommen und unter denen aufzugehen, die er einst entworfen hat. Vielleicht strahlt die Weihnachtsgeschichte immer noch, weil sich nun in der Folge aus widersinnigen Einzelheiten »Heil« reimt: Eine Frau, die ein Kind bekommt von einem, den sie nicht erwählt hat und – wenigstens für kurze Zeit – selig werden wird nach ihrem kopfschüttelndem »Ja«. Er, Josef, der sie gewählt hat, aber adoptieren muss, den er nicht gezeugt hat. Und dann dieses verkorkste Ambiente der Geburt – jedem Notarzt ein Angang.

Aber wäre es nicht etwas, wenn sich auch bei uns die bisweilen verdrehten Verhältnisse der Familie mit ihren Verwerfungen und Zufälligkeiten schließlich zu einem guten Sinn fügten – wenigstens im Rückblick? Wenn ein verquerer Start sich als Anfang von etwas letztlich Gutem erweisen würde – was wollte man mehr? Wie viele warten darauf ein Leben lang.

Die Krippe mit ihren Menschen und Tieren, diese fast absurde Szene, erzählt auch davon, was passieren kann, wenn man einfach im besten Sinne gläubig weitergeht und abwartet, bis endlich die Engel singen und sagen, wofür all die Mühe gut war. Es kommt der Punkt, wo dies klarer wird – vorausgesetzt, man wähnt hinter dem Hin und Her der biografischen Wendungen eine gute göttliche Hand. Gehen wir doch ruhig hin zur Krippe – vielleicht dämmert es uns.

Neben dem gereimt Disparaten dieser Szene fällt auch die Armut auf. Was wäre Weihnachten ohne die Geschichten, die zu Weihnachten und ohne Geld spielen? Sie zeigen das von Begehrlichkeiten bereinigte Leben und das unschuldig-reine Empfangen. Der heiligen Familie fehlen die modernen Wahlmöglichkeiten. Kein Telefon, keine Bankkarte, keine Krankenkasse. Niemand von uns möchte gern so niederkommen. Aber wir blicken hier in ein Land, das wir Abgesicherten nicht mehr kennen: Unbedarftheit in seiner heiligsten Form. Nicht ahnen, was der Komfort bereithielte, wenn es ihn gäbe.

Gerade das hat man doch gern, weil es wirkt wie »ganz früher«, als wir alle noch aus dem Fluss tranken. Wie sie es sich da im Stall gemütlich machen und wie sie nichts brauchen als sich selbst. Wie sie sich genügen. Also schauen wir der heiligen Familie vielleicht deshalb so gern zu, weil sie nichts braucht als ihr eigenes Leben. Sie sorgt sich nicht um Babybrei-Gläschen und Fernsehzeiten, sondern sie ist einfach da.

Insofern ist die Krippen-Darstellung in ihrer Einfachheit eine Ikone für das selbstvergessene Leben. Sie ist es wirklich. Der Film ist an der Stelle angehalten, wo nichts anderes zu sehen ist als das, was viele immer ersehnen: Heimat im Da-Sein, von Anfang an. Und das mitten unter Menschen, die man sich gar nicht selbst gewählt hat, an einem Ort, der vielleicht gar nicht anmutig ist – und wo es doch nach Heimat riecht. So ausgesetzt und so geborgen zugleich zu sein, das wäre gutes Leben mitten im Leben. So möchte man auf die Welt kommen und so möchte man einmal gehen.

Und was ist an dem armen Dasein göttlich? Dass es so menschlich ist. Man merkt doch: So rein im Leben steht nur, wer in Gott wohnt. Und dann fügen sich zu diesem Kindchen eine Menge einfacher Gesten und Handlungen, durch die der Himmel scheint. Leute bringen Wolle oder desinfizierende Gewürze. Wichtiger noch: Sie kommen selbst hin zur Krippe. Sie sind da, weil sie das göttliche Dasein anzieht. Und wie diese treten wir nun auch zur Krippe. Zum Beispiel:

- Familie F., deren vier Kinder in vier Jahren kamen, deren Vater schon zweimal weggelaufen ist (wie Josef es auch zu tun vorhatte) – und wiederkam, deren Mutter mit 29 aussieht wie andere mit 50 und die nachts mit dem Asthma des Jüngsten kämpft.

- Herr K. mit seiner verwöhnten Enkelin, der er durch Fürsorge erstatten will, was er seiner Tochter schuldig blieb.
- Frau A., die all ihre sechs Enkel vergrätzt hat – bis auf einen, der unverdrossen kommt und fragt, ob sie ihm vorliest. Und sie tut es.
- Das kinderlose Ehepaar G., das immer Kinder wollte und zusah, wie andere welche kriegten, die keine wollten.
- Ehepaar O., dessen Kinder groß sind, gesund, erfolgreich und weit weg.
- Familie P., wo er schielt und sie schielt und man denkt, die beiden hätten einander im Leben nie gesehen, aber sie sind zusammengeblieben und bei den Kindern, und es ist gut geworden.
- Und Svenja, siebenjährig, die immer allein zur Kirche kommt mit ihren großen Augen voller Tränen.

Gehen wir also hin und schauen, wie das wahre Leben seinen Anfang nimmt, singen und beten oder lassen singen und beten.

Der Türgriff vom Stall

Die Hände vom Wirt kenne ich. Er hat harte Hände, Hornhaut vom Zäune Setzen und all der Knochenarbeit. An dem Abend, als es geschah, war er auch kurz da. Ich hab es an seinem Griff gemerkt: Er ist es und er will sehen, was passiert ist.

Eigentlich hat ja alles mit dieser kleinen Frauenhand angefangen. Die war so kalt. Sie hat mich kurz angefasst; dann kam eine Männerhand dazu und half die Tür aufstoßen. Diese wärmere Männerhand hat mich festgehalten, als die beiden in den Stall geguckt haben und seufzten. Ich habe mich gefragt: »Was wollen die hier?«

Ich hab die Stimme vom Wirt gehört, aber der ist dann weggegangen. Der Mann hat gesagt: »Naja, nun sind wir halt hier. Was Besseres finden wir um die Zeit nicht.« Sie hat immer nur geseufzt. Und ich habe mich schon gefragt, ob die immer so sind.

Er ist dann dauernd raus und rein, hat den Esel geholt, das Gepäck, eine Lunte fürs Licht und was zu essen. Seine Hände habe ich mir gemerkt, die konnten zugreifen. Sie nannte ihn Josef.

Und sie: Sie hab ich auch nicht vergessen. Ihre Hand war so weich. Hat sich ganz zart um mich gelegt. Und war so kalt. Müde und doch irgendwie aufgeladen. Als hätte sie viel hinter, aber noch mehr vor sich.

Das sind so Ahnungen. Als Türgriff weiß man das nie genau. Man sieht ja nichts. Aber wenn man sich nicht auf seine Gefühle verließe, wo käme man hin? Man wird halt von vielen angegriffen und da lernt man die Unterschiede.

Als ich das Geschrei hörte, war mir klar, was sie mitgebracht hatte. Ich sage euch, das war besonders. Ich habe schon gehört, wie die Kuh ihr Junges kriegt. Aber das hier, das war anders. Ich sage euch, das war, als wenn alles stillsteht. Sie hat gestöhnt und geschrien. Er hat auch gestöhnt und gezogen, ist rausgelaufen und wusste wohl nicht, ob besser raus- oder reingehen. Und ich dachte an ihre Hand und wusste: Die hat Kraft.

Als er wieder reinkam, war's still. Und er ist hin zu ihr und hat geweint und gelacht. Und es kamen Geräusche zu mir, die waren so schön, wie ich sie noch nicht gehört habe. »Schau mal«, hat er gesagt. Immer nur das. Sie hat gar nichts gesagt.

Und dann kamen andere Hände. Klopfen an der Tür, starkes Klopfen. Das hat überhaupt noch nie einer getan: anklopfen. Ich weiß gar nicht, warum die alle kamen. Die müssen die drei Leute gekannt haben. Aber woher sie wussten, dass die hier sind – ich weiß es nicht. Aber als sie mich dann anfassten und die Tür aufmachten, da waren sie sich sicher, das merkte man.

Als sie reinkamen, wurde es ganz still. Es hat überhaupt niemand gesprochen. Sie haben was ausgepackt und hingestellt. Dann weiter Schweigen. Als wenn die Zeit steht.

Ehrfürchtig haben sie mich angefasst. Wie wenn man in ein Zimmer kommt, in dem noch keiner war. Schöne Hände hatten die drei. Ohne Narben. Schlossen sich um mich wie ein Siegel. Und kamen von weit her.

Dann war Lärm, Hundegeschrei und Getrappel. Tiefe Stimmen, Rufe und schüchterne Hände. Die gehen nicht rein, ohne dass man sie bittet, dachte ich. Und so war's auch. Fast jeder von ihnen fragte: »Darf ich?« Ich ging von Hand zu Hand, so zwanzigmal, fast ohne Unterbrechung. Feuchte, trockene und ruhige Hände.

Dann war ich allein. Und wieder diese Ruhe. Ich meine, die Tiere sagen ja auch nichts. Aber das war eine andere Art von Stille-Sein. So was hat's in dem Stall noch nie gegeben. Wo man keine Fragen hat.

Sonst hat man doch immer Fragen: »Wer ist das?« Und: »Warum ich?« Und: »Was soll das?« Und: »Was soll werden?« – An dem Abend: keine Fragen. Nur Hände, die reinwollten und wussten: Hier sind wir richtig.

Simeon

Herr Simeon ist über siebzig. Er schaut ab sieben Uhr morgens aus seinem kleinen Fenster. Er kann nicht lange schlafen, eigentlich gar nicht mehr. Wenn es nicht so kalt draußen ist, legt er sich zum Rausgucken ein Kissen auf die Fensterbank, damit er sich die Ellenbogen nicht aufscheuert.

Die Müllmänner von drüben grölen, wenn sie ihn sehen und grüßen um halb acht. Schulkinder schnattern den Gehweg herunter. Eins zeigt mit dem Finger nach oben – einen Moment lang blicken alle … – kichern und wackeln weiter, etwas lauter jetzt. Kurz vor neun klingelt das Telefon – verwählt.

Dann bringt Frau Schneider-Lützgendorf sein Brötchen und die Marmelade. Orange mit Ingwer. Seit elf Jahren. Für die muss sie länger fahren, das gibt's nicht gegenüber. Aber sie tut's gern. Der Alte ist freundlich und er hat ein Gesicht wie einer, der herumgekommen ist in der Welt. Falten vom Sturm und in den Augen der Abendsegen, der sich übers Land senkt.

Gehen kann er nicht mehr allein, höchstens mal mit dem Gehwägelchen zehn Minuten vorm Haus, wenn jemand hilft. An Deck war das anders. Da ist er die Masten hoch und konnte oben schweben, während die Gischt übers Schiff ging.

Mittags klingelt es an der Tür. Wohl auch verwählt. Herr Simeon beugt sich aus dem Fenster. Er hat niemanden kommen sehen. Im Eingang steht aber eine junge Frau. Sie klingelt bei ihm. Er schleicht zur Tür, drückt den Summer, sie steigt die Treppe hoch, steht da. Dunkle Augen hat sie – wie er.

Als sie nach sechs Stunden in die Abenddämmerung geht, weiß er alles. Nach 24 Jahren weiß er, dass seine Tochter lebt.

Sie war gegangen mit vierzehn. Mit irgendeinem Typen. Vater war wie immer zur See. Mutter hatte wochenlang geweint. Sie wird nie mehr erfahren, wo ihre Tochter ist. Oder vielleicht guckt sie auch von oben zu und ist schon lange im Bilde. Wer weiß?

Aber er weiß nun Bescheid. Sie hat ihn gesucht und gefunden. Herr Simeon am Fenster … – wonach hat er eigentlich geschaut all die Jahre auf der Fensterbrüstung? Nun sitzt er anders da und guckt. Jetzt kann kommen, was will …

Kati

Es wird Weihnachten und man muss gucken, was man mit Oma macht. Sie liegt im Heim für demente Leute, und wenn der Pflegedienst aus dem Zimmer ist, wird sie an die Decke starren. Das geht schon fast ein Jahr so. Es wird nun das erste Weihnachten in diesem neuen Zustand sein.

Kati hat zuerst gar nicht gewusst, wie es um Oma steht. Mit allerlei Ausreden hat Mama Katis Aufmerksamkeit immer von Oma weggelenkt. Mehr durch Zufall hat Kati was gemerkt. Mama hat sich versprochen. »Ich geh noch zu Oma ins Pflegeheim« – da war es heraus. Kati ist noch klein, aber sie ist helle im Kopf, sie kapiert das Aufregende an diesem Versprecher. ›Wieso Oma Heim?‹ fragt sie. »Ach nix«, sagt Mama. »Aber du hast es gesagt!«

Kati kommt also am Heiligabend zum ersten Mal mit zu Oma ins Heim. Sie hat es sich ertrotzt. Mama hat ein schlechtes Gewissen, weil sie Kati so lange von Oma ferngehalten hat. Aber es ist nun mal nicht einfach: Fast den ganzen Tag liegt die alte Frau im Bett, ihr Gesicht gleicht dem einer Hexe, sie schimpft viel und bringt alles durcheinander. »Oma ist ein bisschen verrückt«, warnt Mama auf dem Weg. »Oft erkennt sie mich nicht. Sie sabbert. Und sie sieht auch nicht schön aus, bisschen wie eine Hexe.« Kati ist still und hört aufmerksam hin, ihr Blick ist klar und entschlossen.

Mama stellt sich so ans Bett, dass Kati nicht gleich alles sieht. Aber sie ist flink, läuft ums Bett herum, schiebt umständlich einen Stuhl an die Seite der mumienhaften Gestalt, klettert darauf und betrachtet ohne den Anflug eines Schreckens die hexenähnliche Maske.

Die Alte öffnet die Augen, blickt die Tochter an, dann die Kleine, noch mal her und hin, und grunzt. Schließt die Augen, öffnet sie gleich wieder und starrt Kati an. Keine von beiden will sprechen, Katis Hand reibt auf der Decke hin und her. Sie blicken sich unverwandt ins Innere und nur der Wellensittich in der Ecke merkt, wie lange sie einander schon kennen.

»Ich koch mal einen Tee«, sagt Mama und zündet eine mitgebrachte Kerze an. Kati steht immer noch auf dem Stuhl. »Willst du Schokopudding, Kati?«, fragt sie. »Ich hab welchen mitgenommen.«

»Ja.« Kein Seitenblick, nur Oma angucken. Die öffnet wieder die Augen, schaut und zwinkert. Kati macht es nach. Die Faltenmaske verzieht sich. »Oma, kannst du auch reden?«. Oma reagiert nicht.

»Oma!« Oma zuckt. Der Pudding wird hereingetragen. Kati sitzt jetzt auf Omas Bett und sieht sich satt. Mama verkneift sich die Anweisungen, die ihr in den Sinn schießen. Sie ist verwundert über die Stimmung im Zimmer. Als wäre es nie anders gewesen, als dass Kati und Oma zusammen sind.

Kati löffelt Pudding. Kati schaut Oma an. Kati löffelt. Als Mama draußen ist, fragt sie was: »Oma, willst du auch Pudding?« Oma guckt. Kati robbt ans Kopfende, kniet neben Omas Ohr, stützt eine Hand auf und führt mit der anderen den Löffel mit Pudding an Omas Mund. Sie öffnet ihn sofort und schluckt. »Hmm«, macht Kati und schiebt den nächsten Löffel nach. Oma schluckt. Ihre Hände tasten auf der Bettdecke umher, die Rechte erreicht die Puddingschüssel, greift hinein und wühlt. Und eh Kati begreift, hat Oma den Pudding zum Gesicht geführt. Kati tut nichts. »Hmm«, sagt sie. »Hmm«, sagt auch Oma und verteilt Pudding über ihr Gesicht. Dann winkt sie der Kleinen, sie soll näher kommen.

Als sie in Griffnähe ist, verstreicht sie auch ihr Pudding übers Gesicht. Kati kichert. Es kitzelt. Es tropft. Sie greift in die Schüssel, holt mehr warmen Pudding heraus und legt ihn auf Omas Stirn. Oma verzieht das Gesicht zu einem Grinsen. Mit dem Löffel füllt Kati Omas Mund, die schluckt, ohne zu husten, und es kommen glucksende Laute aus ihr, sie lacht offenbar. Kati lacht auch. Oma hat jetzt die Augen weit offen und leckt sich die Lippen. Kati desgleichen. So schauen sie einander an und ahmen wechselweise Grimassen nach. Und die Bettdecke wippt immer mehr über dem stillen Gelächter. Kati quietscht vor Vergnügen.

Nun kommt Mama. Sie hat gehört, dass was passiert ist. Sie steht im Türrahmen, kriegt den Mund nicht zu und alles, was eine erziehungsbewusste Mutter sagen müsste, ist sehr unwichtig. Sie weint ohne alle Hemmung los. Sie greift in die Schüssel, stopft sich Pudding in den Mund, Kati lädt nach, schiebt ihr auch gleich die ganze Hand hinein, Oma gluckst, alles voll Schoko – die Welt versinkt im Wohllaut.

Sie legen sich beide zu Oma mitten in die Soße, eine zur Linken, eine zur Rechten. Mama weint immer noch und es ist gut. Kati streichelt abwechselnd Mama und Oma. So liegen sie da am Heiligen Nachmittag, schockierend verrückt – selig verdreckt. Und die Engel singen – ja, was? Na, was sie immer singen: »Fürchtet euch nicht!«

Vorfreude mit Ringelnatz

Von Eckard Siggelkow

Wie es sein soll
Ein Kind – von einem Schiefertafelschwämmchen
Umhüpft – rennt froh durch mein Gemüt.

Bald ist Weihnacht! – Wenn der Christbaum blüht,
Dann blüht er Flämmchen.
Und Flämmchen heizen. Und die Wärme stimmt
Uns mild. – Es werden Lieder, Düfte, fächeln. –

Wer nicht mehr Flämmchen hat, wem nur noch Fünkchen glimmt,
Wird dann noch gütig lächeln.

Wenn wir im Traume eines ewigen Traumes
Alle unfeindlich sind – einmal im Jahr! –
Uns alle Kinder fühlen eines Baumes.

Wie es sein soll, wie's allen einmal war.

Joachim Ringelnatz[11]

Ob ich mich fühlen werde als »Kind eines Baumes«, steht noch dahin, aber es wollen und mir wünschen, das tue ich. Und

11 In: ders., Weihnachten. Ausgewählt und mit einem Nachwort von Ute Maack, Frankfurt a. M. / Leipzig 1983.

weil dem so ist, werde ich wieder einen großen Baum aufstellen, mit roten Kugeln und goldenen Kerzen und anderem Glitzerkram, damit er »Flämmchen blüht«. Denn die Flämmchen »heizen« und erfüllen die Wohnung mit »Wärme«, die » milde« stimmt.

Ich habe dieses Gedicht durch Zufall in der Zeitung entdeckt. Es hat mir gefallen, weil es Weihnachten in einer Weise anspricht, die ohne die üblichen Stereotypen und Sentimentalitäten auskommt.

Weihnachten als Fest der Erinnerung, in der die Kindheit herüberleuchtet wie ein Paradies. In der »Vorfreude auf Weihnachten« rennt ein Kind – »von einem Schiefertafel-Schwämmchen umhüpft« – »froh durch mein Gemüt.« »Bald ist Weihnacht!« Und »Wer nicht mehr Flämmchen hat, wem nur noch Fünkchen glimmt«, darf darauf hoffen, dass er »doch gütig lächeln« wird.

Dabei wissen wir nur zu genau, dass Weihnachten – beladen mit all den Wünschen und Träumen von Freude, Nähe und Innigkeit – allzu leicht daneben geht … Und doch ist er immer wieder da, der melancholische Wunsch, etwas zu spüren von kindlicher Freude, die ich nicht missen möchte – und sei es bei denen, die zu uns gehören und bei uns sind: »Uns alle Kinder fühlen eines Baumes.«

Denn dafür ist dieses Fest ja da – für die ungestillte Sehnsucht und die unerfüllbaren Wünsche, um sie daran festzumachen, als seien sie erfüllbar – irgendwann einmal … Oder wie die Erinnerung an die Geschichte zu Weihnacht uns sagt, schon längst erfüllt: »Wie es sein soll, wie's allen einmal war.«

Natürlich hat Ringelnatz gewusst, der Dichter spöttischer Verse und des Kuttel Daddeldu, als den ich ihn bislang nur kannte, dass es zu keiner Zeit war, »wie es sein soll« und »allen einmal war«. Ich hätte seinen Namen wohl auch nie mit diesem Gedicht in Verbindung gebracht, wenn er nicht über den Zeilen zu lesen gestanden hätte. Aber wenn selbst er sich wünscht, der Skeptiker und nüchterne Realist, dass es das geben möge, – »einmal im Jahr!« – dann darf es sich jeder wünschen – sei er nun gläubig oder nicht.

Predigt zum Advent

Von Karin Ulrich-Eschemann

Und dies ist das Zeugnis des Johannes, als die Juden zu ihm sandten Priester und Leviten von Jerusalem, dass sie ihn fragten: Wer bist du? Und er bekannte und leugnete nicht, und er bekannte: Ich bin nicht der Christus.

Und sie fragten ihn. Was dann? Bist du Elia? Er sprach: Ich bin's nicht. Bist du der Prophet? Und er antwortete: Nein.

Da sprachen sie zu ihm: Wer bist du dann, dass wir Antwort geben denen, die uns gesandt haben. Was sagst du von dir selbst?

Er sprach: Ich bin eine Stimme eines Predigers in der Wüste: Ebnet den Weg des Herrn!«, wie der Prophet Jesaja gesagt hat.

Johannes 1,19–23

Liebe Gemeinde,
es dauert nicht mehr lange. Dann werden wir sie wieder hören, die uns so vertraute Weihnachtsgeschichte, und von der Geburt des Kindes Jesus singen. Alles dreht sich um ihn – und da werden sie alle an der Krippe stehen, die uns längst vertrauten Personen und die Tiere und beten das Kind an.

Heute, am letzten Sonntag vor dem Heiligen Abend, geht es in unserem Predigttext um Johannes den Täufer, der in der Wüste predigt und die zu ihm kommenden Menschen tauft zur Vergebung der Sünden. Ist Johannes ein Prophet? Welche Botschaft hat er? Hat er nicht auch einen Platz an der Krippe verdient? Er, der auf Christus hinweist. Wegbereiter Jesus wird er gern genannt.

Vielleicht stellen wir ihn nicht ganz so nah an die Krippe wie die anderen … Vielleicht hinter Josef? Diese Frage ist mir bei der Predigtvorbereitung nicht mehr aus dem Kopf gegangen und ich werde sie am Schluss der Predigt noch einmal stellen: Sollte Johannes der Täufer einen Platz an der Krippe haben?

Johannes der Täufer ist eine sperrige Gestalt. Im Matthäusevangelium wird er so beschrieben: Er lebte in der Wüste, hatte ein Gewand aus Kamelhaaren und einen ledernen Gürtel um seine Lenden, er aß Heuschrecken und wilden Honig. Ist er der erwartete Messias? Welche Botschaft bringt er, ist es eine schlechte oder gute? Nun, es ist eine gute Botschaft: Haltet euch bereit, Christus, der Messias ist nahe. Machet die Tore weit und die Türen in der Welt hoch, dass der König der Ehren einziehe.

Die Geschichte Johannes des Täufers ist tief verwickelt mit der Geschichte Jesu. Lukas verschränkt die Geburtsgeschichten des Johannes und Jesu: Zuerst wird dem alten Priester Zacharias ein spätes Kind verkündigt, dann der jungen Maria ein voreheliches. Zacharias soll sein Kind Johannes nennen; das der Maria soll Jesus heißen. Johannes wird zuerst geboren und sein Vater singt Gott ein Loblied. Dann wird Jesus geboren, nachdem Maria ebenso ein Loblied gesungen hat auf Gott. Später werden sich die beiden treffen: Als Johannes am Jordan tauft und Jesus sich anschickt, seinen Auftrag zu erfüllen.

Ein Vers aus der Botschaft, die der Engel Zacharias verkündigt, lautet: »Du wirst Freude und Wonne haben und viele werden sich über seine Geburt freuen. Denn er wird groß sein vor dem Herrn, Wein und starkes Getränk wird er nicht trinken und wird schon von Mutterleib an erfüllt werden mit dem heiligen Geist.«

Wer ist der Bußprediger in der Wüste, zu dem viele Juden hinströmen? »Bist du der Messias, auf den wir warten? Bist du ein Prophet? Hast du eine gute Nachricht für uns oder eine schlechte?« Hier lässt das Johannesevangelium Johannes direkt antworten. Johannes stellt sich den Fragern, er weicht ihnen nicht aus. Er antwortet. – Oder antwortet er doch nicht?

Seine Antwort ist eingebettet in den berühmten Johannesprolog, der so beginnt »Und das Wort ward Fleisch, und das Wort war bei Gott, und Gott war das Wort: Es war ein Mensch, von Gott gesandt, der hieß Johannes. Der kam zum Zeugnis, um von dem Licht zu zeugen, damit sie alle durch ihn glaubten.«

Im Johannesevangelium finden wir keine Geburtsgeschichte Jesu. Die werden wir am Heiligabend hören, so wie Lukas sie erzählt: die Geburt von Jesus Christus, im Leib seiner Mutter geworden und für uns alle geboren, so wie wir alle geboren worden sind.

Hören wir hier jetzt die Antwort des Johannes auf die Frage »Wer bist du?«: »Ich bin nicht der Christus, der Messias, der Erlöser, auf den die Menschen warten. Ich bin auch nicht der Prophet, nicht Elia, den man als Vorläufer des Messias erwartet hat.« »Wer bist du aber denn? Gern möchte man Johannes auf die Sprünge helfen, dass er klar und deutlich sagt, wer er ist. Sei es, dass er sagt, dass er der Sohn von Zacharias und Elisabeth ist.

Zögert er nicht doch mit einer klaren Antwort, wenn er an dieser Stelle ein Prophetenwort aus dem Alten Testament aufnimmt: »Ich bin eine Stimme eines Predigers in der Wüste: Ebnet den Weg des Herrn! Wie der Prophet Jesaja sagt.«

Nein, er zögert nicht mit seiner Antwort. Mehr kann er nicht sagen, weil nicht er es ist, auf den sie warten, aber er kündigt ihn an und fordert die, die ihm zuhören auf, bereit zu sein für den von Gott gesandten kommenden Herrn. Johannes steht zwischen den Zeiten, so hat man Johannes theologisch gerne platziert. Er weist auf den kommenden Herrn und hält zugleich die Verbindung rückwärts bis hin zu den Propheten. Eine schillernde Figur, gewiss, aber er hat eine klare Aufgabe von Gott bekommen.

Die Stimme eines Predigers in der Wüste. »Ich komme mir vor wie ein Prediger in der Wüste«, sagen wir manchmal und meinen damit, dass alle Ermahnung und Warnung für die Katz ist. Niemand, der Ermahnung folgt. Alles Reden ist vergeblich. Das biblische Bild hat Eingang gefunden in unsere Alltagssprache. Für Johannes trifft das allerdings nicht zu, dass seine Worte ohne Erfolg sind. Die Menschen kommen zu ihm hinaus und lassen sich taufen und hören seine Worte.

Dennoch: Johannes zeigt auf Jesus: Dieser ist es, den Gott euch gesandt hat. Das ist die gute Botschaft! Ich, Johannes, bin nicht so wichtig, aber meine Botschaft ist wichtig. Und diese Botschaft ist neu, aber sie ist bereits vorgezeichnet in der Schrift. Erinnern wir das Bild des Isenheimer Altars, auf dem Johannes mit einem Finger auf den Gekreuzigten zeigt, in der anderen Hand hält er die Schrift. Dieser ist es, von dem die Schrift, das Alte Testament, spricht.

Johannes an der Krippe? Ein Johannes, der auf das Kind in der Krippe zeigt, in der Hand die Schrift! Stellen wir ihn auf die linke Seite der Krippe und die anderen, die kommen, um Jesus anzubeten, die Hirten und die Weisen, auf die rechte Seite. Das Kind in der Krippe mit den Seinen: den Juden und den Heiden. Jesus in der Mitte der Zeit.

Ich habe ein wenig in der Geschichte der Krippendarstellungen geforscht und dabei herausgefunden, dass in den frühen ersten Darstellungen nur das Kind in der Krippe existierte; dann kamen Ochs und Esel hinzu. Sie finden wir nicht bei Lukas, aber sie erinnern an das prophetische Wort Jesajas (1,3): »Ein Ochse kennt seinen Herrn und ein Esel die Krippe seines Herrn: aber Israel kennt's nicht und Israel versteht's nicht.«

Zeitlich später hinzu kommt Maria, wesentlich später dann Josef, die Hirten mit den Schafen, der Verkündigungsengel und die Könige, die nach der biblischen Tradition eigentlich die Weisen sind. Kein Johannes! Als ich vor ein paar Tagen mit meinem Mann über den Weihnachtsmarkt ging, haben wir, wohl eher aus Spaß, bei den Krippen nach Johannes gesucht. Wer weiß?, dachten wir.

Wir sollten ihn, wenn wir zu Hause oder morgen in der Kirche die Krippe anschauen, wenigstens in Gedanken und in der Fantasie hinzutun, denn er gehört zur Geschichte des Kindes in der Krippe. Erst recht dann, wenn wir die prophetischen Verheißungen hören.

Ich möchte zum Schluss noch einmal das Wort des Propheten durch den Mund des Johannes hören und nachsprechen: »Ich bin eine Stimme eines Predigers in der Wüste: Ebnet den Weg des Herrn!«

Meditation: Türen im Advent

Von Hans Freudenberg

Mancherlei Türen begleiten unsere Tage: Haus- und Zimmertüren, Keller- und Garagentüren, Türen als Tore oder Portale an Burgen, an Schlössern, an Kirchen.

Türen können aus Holz oder Glas sein, aus Stahl, aus Bronze oder Papier.

Türen sind nützlich: Sie schützen vor Kälte und Staub, vor Regen und Wind, vor Lärm und ungebetenen Gästen.

Türen sind Sinnbilder des Durch- und Übergangs, stehen zwischen drinnen und draußen, Leben und Tod, profan und sakral, Diesseits und Jenseits, Licht und Finsternis, Himmel und Hölle, gestern und morgen, Wirklichkeit und Traum.

Türen sind zweideutig: Geöffnete Türen laden ein, geschlossene Türen sperren aus, weisen ab.

Die Ambivalenz des Türsymbols kennt auch die Bibel: Abweisend: verschlossen bleibt die Tür den »törichten« Jungfrauen (Mt 25,10, vgl. Lk 13,23–25). Einladend: »Tor des Himmels« nennt Jakob den Ort, an dem er im Traum die Himmelsleiter mit den Engeln schaut (1 Mose 28,17).

Der alte Hymnus zum Einzug der Bundeslade (Symbol der Gegenwart Gottes) in den Jerusalemer Tempel fordert auf: »Machet die Tore weit und die Türen in der Welt hoch, dass der König der Ehren einziehe«(Ps 24).

Der feierlich in den Tempel Einziehende ist Jahwe, der Gott Israels. Als Schöpfer und Herr der Welt sprengt er, sprengt seine Herrlichkeit alle einengenden Maße. Darum müssen die Tore »weit« und die Türen »hoch« gemacht werden.

Die christliche Gemeinde deutet die Aussage später christologisch um: Gottes Advent zur Welt ereignet sich in Gestalt des königlichen Krippenkindes in Bethlehems Stall. Die Gewissheit, dass Himmel und Erde sich berühren, sich Gott den Menschen zuwendet, verdichtet sich im Symbol der (wieder) offenen Tür.

Viele Advents- und Weihnachtslieder greifen diese Metapher auf:

- »Macht hoch die Tür, die Tor macht weit«(EG 1), das Lied, das Ps 24 verarbeitet und zugleich Leitmotiv des ganzen Gesangbuches ist;
- »O Heiland, reiß die Himmel auf, herab, herab vom Himmel lauf, reiß ab vom Himmel Tor und Tür, reiß ab, wo Schloss und Riegel für« (EG 7, im Kontext von Jes 64,1);
- »Heut schließt er wieder auf die Tür zum schönen Paradeis; der Cherub steht nicht mehr dafür. Gott sei Lob, Ehr und Preis« (EG 27,6 im Kontext von 1 Mose 3,24)

Das Bild der offenen Tür ist ein Bild der Sehnsucht und der Erwartung, die in Jesus Gestalt gewinnt: »Ich bin die Tür; wenn jemand durch mich eingeht, der wird gerettet werden …« (Joh 10,9). Kirchenportale nehmen die Selbstaussage Jesu auf und deuten sie architektonisch. Dass Christus die Tür ist, wird von den mittelalterlichen Künstlern plastisch-figürlich im Symbol des Lammes oder des Weltenrichters im Tympanon oberhalb der Kirchentüren dargestellt.

Wer die Tür durchschreitet, dem öffnet sich schon jetzt ein Stück die Tür zum Himmel auf Erden, die Kirchentür verweist auf die Tür des himmlischen Jerusalems.

Sehnsucht und Erwartung bestimmen auch Bräuche der vorweihnachtlichen Zeit:

- Der Adventskalender mit seinen 24 Türchen und deren süßer Inhalt dämpft bei Kindern die vorweihnachtliche Ungeduld und »versüßt« die Zeit des Wartens.
- In manchen Gemeinden wird folgender (ursprünglich in der Schweiz beheimateter) Brauch »Offene Türen im Advent« gepflegt: In der Adventszeit öffnen an ausgewählten Abenden Familien ihre Haus-(Garagen-, Garten-) Türen. Für etwa eine Stunde beherbergen sie ihre kleinen und großen Gäste. Lieder, Musik, kleine Geschichten, Glühwein und Kinderpunsch, Gebäck, Winterschmuck, Krippenfiguren stimmen auf Advent und Weihnachten ein, lassen andere an dem teilhaben, was den Gastgebern im Blick auf das kommende Fest wichtig ist.

Weihnachten bietet eine gute Gelegenheit, die eigene eingerostete Herzenstür aufzuschließen und Türen zu Mitmenschen wieder zu öffnen, wo sich dumpfes Schweigen über die Beziehungen gelegt hat – in der Familie, in der Nachbarschaft, im Bekanntenkreis.

Rollenspiel: Ochs und Esel

Von Thomas Hirsch-Hüffell

Die Handelnden

- Elly-Esel: ein quirliger Charakter
- Ronny-Ochse: ruhig und bedächtig
- In der Gemeinde sitzen »Eingeweihte«, die bei Bedarf passende Stichwörter rufen.

Elly-Esel:	Ey Ronny!
Ronny-Ochs:	Was ist?
Elly-Esel:	Guck doch mal!
Ronny-Ochs:	Hast du schon wieder einen fliegenden Regenwurm gesehen?
Elly-Esel:	Ach Ronny, du glaubst mir nie.
Ronny-Ochs:	Na, was ist?
Elly-Esel:	Da sind lauter Kinder in der Nähe.
Ronny-Ochs:	Okay, okay … *(gelangweilt)*
Elly-Esel:	Nix »Okay« *(macht Ronny nach)!* Da sind Leute gekommen!
Ronny-Ochs:	Okay.
Elly-Esel:	Oh Mann, du schwerfälliger Ochse!
Ronny-Ochs:	Okay, hier bin ich,
Elly-Esel:	Ronny, es sind neue Leute im Dorf/in der Kirche, und das schon seit einer Weile.
Ronny-Ochs:	Okay.

Elly-Esel: Und die wollen in die Hauptstadt.
Ronny-Ochs: Okay.
Elly-Esel: Ich hab gehört, dass sie sich zählen lassen.
Ronny-Ochs: Okay.
Elly-Esel: Ronny!
Ronny-Ochs: Ja?
Elly-Ochs: Weißt du, was das soll?
Ronny-Ochs: (*denkt nach*): Nee.

Schweigen

Elly-Esel: Ronny!
Ronny-Ochs: Ja?
Elly-Esel: Ich glaub, es passiert bald was.
Ronny-Ochs: Hmm. (*Pause*) Wieder fliegende Regenwürmer?
Elly-Esel: Ronny, es sind so viele Leute unterwegs! Und wir stehen hier im Stall.
Ronny-Ochs: Okay.
Elly-Esel: Du mit deinem »Oooo-käääá« machst mich noch wahnsinnig. Es sind jede Menge Leute unterwegs und am Himmel steht ein Stern, der ist so hell wie der Mond.
Ronny-Ochs: Okay.
Elly-Esel: Und die Leute finden keinen Platz in der Kneipe nebenan.
Ronny-Ochs: Okay.
Elly-Esel: Der Wirt war heute schon da und hat unseren Stall gezeigt. Ob sie da schlafen wollen.
Ronny-Ochs: Häää? Was soll das denn? (*Ronny zeigt Nerven.)*
Elly-Esel: Ja! Und die haben sich alles angeguckt, sind aber wieder raus.

Ronny-Ochs:	Und wieso weiß ich nichts davon?
Elly-Esel:	Weil du geschlafen hast.
Ronny-Ochs:	Okay …
Elly-Esel:	Tja, wenn man pennt, kriegt man eben nicht alles mit.
Ronny-Ochs:	Können ja nicht alle so aufgedreht sein wie du.
Elly-Esel:	Ich weiß eben, was läuft.
Ronny-Ochs:	Okay. *(Pause)* Und was?
Elly-Esel:	Na, dass der Gasthof keine Betten mehr hat. Alles überfüllt.
Ronny-Ochs:	Ja, und?
Elly-Esel:	Ich sag dir, da läuft was. Die Leute kommen schon massenhaft in die Kirche – hast du gesehen, wie viele da sind?
Ronny-Ochs:	Ja, sind viele. Haben auch gesungen.
Elly-Esel:	Die kommen wegen irgendwas.
Ronny-Ochs:	Okay. Wahrscheinlich gibt's was zu Fressen.
Elly-Esel:	Nee, Ronny, das hängt mit dem Stern zusammen.
Ronny-Ochs:	Okay.
Elly-Esel:	Ich kann die ja mal fragen.
Ronny-Ochs:	Okay.

Elly-Esel:	*(an Gemeinde)* Hallo?
Gemeinde:	Hallo!
Elly-Esel:	*(lauter)* Halloo!
Gemeinde:	*(lauter)* Halloo
Elly-Esel:	*(noch lauter)* Halloooo!
Gemeinde:	*(noch lauter)* Halloooo.
Elly-Esel:	Seid ihr viele?
Gemeinde:	JAA!

Elly-Esel:	Warum seid ihr hier?
Gemeinde:	[Advent, Weihnachten, Gottesdienst ...]
Elly-Esel:	*(zu Ronny-Ochs)* Hast du gehört? Sie sind wegen Adfent hier.
Ronny-Ochs:	Okay.
Elly-Esel:	Was ist Adfent?
Ronny-Ochs:	Weiß ich doch nicht.
Elly-Esel:	*(an Gemeinde)* Hallooo?
Gemeinde:	Hallooo!
Elly-Esel:	Was ist Adfent?
Gemeinde:	[verschiedene Antworten; u. a.: Christkind]
Elly-Esel:	(*an Ronny*) Ronny!
Ronny-Ochs:	Ja.
Elly-Esel:	Sie sagen: »Kristkind«.
Ronny-Ochs:	Okay.
Elly-Esel:	Sag doch nicht immer »okay«!
Ronny-Ochs:	Okay.
Elly-Esel:	Du verstehst das doch auch nicht.
Ronny-Ochs:	Nee. Gibt's bald Fressen?
Elly-Esel:	(*an Gemeinde*) Hallooo!
Gemeinde:	Hallooo!
Elly-Esel:	Was ist ein Kristkind?
Gemeinde:	[Verschiedenes, u. a.: Gott kommt auf die Welt.]
Elly-Esel:	Ronny!
Ronny-Ochs:	Hmm?
Elly-Esel:	Weißt du, was sie gesagt haben?
Ronny-Ochs:	Ja. (*langsam nachkauend*): »Gott kommt auf die Welt.«
Elly-Esel:	Mensch, Ronny, Du hörst ja alles.
Ronny-Ochs:	(*im Ton des »okay«)* Ja-a.
Elly-Esel:	Und? Was soll das?

Ronny-Ochs: Vielleicht kriegen dann alle ihr Fressen.

Elly-Esel: Ronny, du denkst auch immer nur an das eine.

Ronny-Ochs: Klar. Wenn das Kristkind Fressen für alle bringt, find ich das okay.

Elly-Esel: (*macht Ronny nach*) Okay.

Ronny-Ochs: Sag doch nicht immer okay!

Elly-Esel: Ich hab's doch grad das erste Mal probiert.

Ronny-Ochs: Bringt das Kristkind noch was?

Elly: (*an Gemeinde*) Hallooo!

Gemeinde: Hallooo!

Elly: (*an Gemeinde*) Bringt das Kristkind noch was?

Gemeinde: [Verschiedenes, u. a. Frieden]

Elly: (*an Ronny*) Hörst du?

Ronny-Ochs: Ja. (*denkt nach*) Frieden hab ich schon.

Elly-Esel: Ach, Ronny, die meinen das noch anders.

Ronny-Ochs: Okay. Und wohin kommt das Kristkind?

Elly: (*an Gemeinde*) Hallooo

Gemeinde: Hallooo!

Elly: (*an Gemeinde*) Wohin kommt das Kristkind?

Gemeinde: [Auf die Erde! / Zu euch in den Stall!]

Elly-Esel: (*aufgeregt*) Hast du gehört, Ronny?!!

Ronny-Ochs: (*empört und laut*) Erst wollen sie hier die Leute schlafen lassen, dann noch ein Kristkind abwerfen. Das ist unser Stall!

Kein Krippenspiel

Von Siegfried Macht

Und inmitten des himmlischen Heeres stand ein Engel, der sprach zu den Hirten auf dem Feld:

Siehe, ich verkündige euch große Freude, die allem Volk widerfahren wird, denn euch ist heute der Heiland geboren, und das Volk, das in der Finsternis wandelt, sieht ein großes Licht …

Da sahen zwei der Hirten auf ihre heruntergebrannte Fackel, nahmen sie mit sich und gingen, den Heiland zu suchen.

Und inmitten des himmlischen Heeres sprach der Engel zu den Hirten auf dem Feld:

Siehe, ich verkündige euch große Freude, die allem Volk widerfahren wird, denn euch ist heute der Retter geboren, der wird die Hungernden speisen …

Das hörten zwei Hirten, die noch ein halbes Brot hatten für die kommende Woche, und sie gingen und suchten den Retter.

Und inmitten des himmlischen Heeres sprach der Engel zu den Hirten auf dem Feld:

Siehe, ich verkündige euch große Freude, die allem Volk widerfahren wird, denn euch ist heute der Herr geboren, welcher der Christus ist, der wird die Frierenden wärmen.

Da gingen zwei Hirten, die sich des Nachts eine einzige Decke teilen mussten und suchten den Christus.

Und die Engel auf dem Felde riefen ihnen nach: »Fürchtet euch nicht!«

Da fanden die Hirten das Kind ohne Decke und seine Eltern hungernd im dunklen Stall.

Predigt mit Rafik Schami

Von Charlotte Scheller

Die Predigt stellt die Geschichte »Wie sehe ich aus, fragte Gott« von Rafik Schami und Sandra Beer, 2011, der Weihnachtsgeschichte Lk 2 gegenüber. Die Geschöpfe und Wunder der Natur geben Anhaltspunkte darüber, wer und wie Gott für uns ist. In der Geburt des Kindes hat der Schöpfer sich als Mensch zu erkennen gegeben und sich – eine deutliche Akzentverschiebung gegenüber Schamis Bilderbuch – trotz unserer Grenzen und Mängel klar zu seinen Menschen bekannt.

»Eines Tages«, so beginnt eine Erzählung des Dichters Rafik Schami, »wollte Gott wissen, wie die Wesen seiner Schöpfung ihn sahen. Er, der alles erschaffen hatte, die Sonne und die anderen Sterne, die Erde und die anderen Planeten, wusste nicht genau, was seine Geschöpfe über ihn dachten. Und so kam Gott auf die Erde, unsichtbar wie ein Gedanke und neugierig wie ein Kind.«

Zart sind die Illustrationen in dem Buch. Wenige silberblaue Striche. Nur Andeutungen der Formen all der Geschöpfe, denen Gott begegnet. Die Bilder lassen Raum für die Phantasie des Betrachters. »Wie sieht Gott aus?«, fragt Gott eine Wolke. »Er ist unsichtbar und doch immer da (…). Er bewegt mich, wohin er will. Manchmal bringt er mich dorthin, wo ich am liebsten sein möchte, als hätte er meine Gedanken gelesen, und wenn er wütend ist, wirbelt er mich durch den Himmel, dass ich nicht mehr weiß, wo oben und wo unten ist.« Gott weiß auch in diesem Moment, wohin die Wolke will, zu den durstigen Feldern nämlich. Er pustet sie dorthin und sieht »bald darauf erleichtert ihre Freudentränen«.

»Wie sieht Gott aus?« Einen Schmetterling befragt der Schöpfer. Einen Fisch und eine Blume, eine Schildkröte, sogar ein Atom. Eine Maus und den Regenbogen. In jedem Geschöpf, in jedem Stück Natur spiegelt sich etwas von Gottes Wesen. Unergründlich sei Gott, so erfährt er, wie die Tiefen der Ozeane. Tröstend wie die wärmende Sonne am Ende des Winters. Ein genialer Bildhauer. Ein vollkommener Dirigent. Ein guter Zuhörer, der gerne lacht. Unsichtbar und notwendig wie Luft und Liebe und Herzschlag. Der größte Lehrer. Ein Zauberer.

»Gott bewunderte die zarten Worte«, erzählt Schami. Mit Achtung begegnet der Allmächtige den Erdenwesen und mit Liebe. Er bläst sie an. Streichelt sie. Atmet ihren Duft. Lächelt. Redet mit ihnen in ihrer je eigenen Sprache.

Wie sieht Gott aus? Nur Andeutungen sind alle Worte und Bilder, die uns von Gott erzählen. Von seinem mächtigen Wort, das alles ins Leben gerufen hat. Von seiner Weisheit und Gerechtigkeit. Von seiner Kraft und seiner Herrlichkeit.

In Schamis Erzählung verlässt Gott die Erde wieder. Aber vorher will er noch die Krone der Schöpfung befragen. In einer kleinen Stadt sieht er zwei Kinder. »Wie sieht Gott aus?«, fragt er, und das Mädchen wundert sich, was für Gedanken ihm da in den Kopf kommen. Gott, sagt sie, sei »bestimmt ein allmächtiges Kind, das mit den Sternen und Planeten spielt, weil sie seine Murmeln sind. Manchmal streichelt er sie sanft, so dass sie rund und glänzend werden wie meine Murmeln hier, wie unsere Erde. Manchmal aber spielt er auch grob mit ihnen und nicht selten vergisst er sie sogar, lässt sie liegen und rennt hinter einem Schmetterling her … Ja, ich bin sicher, er kann nur ein Kind sein.«

Gott – ein allmächtiges Kind. Sterne und Planeten sind seine Spielbälle. Manchmal gestreichelt, dann wieder grob angefasst und nicht selten vergessen. Und wir Menschen? Wenn es einen Gott gibt, sagt der Mann, der seine Frau verloren hat, allzu früh, dann verstehe ich ihn nicht. Er ist ungerecht. Handelt willkürlich. Gibt uns nicht das, was wir verdienen. Nimmt uns das Liebste und lässt uns allein. Wenn es einen Gott gibt, sagt die Studentin und Greenpeace-Aktivistin, dann muss er grausam sein. Er lässt zu, dass wir die Erde zerstören. Dass Tiere und Menschen unschuldig leiden. Dass die einen gut leben und die anderen, die im Elend, übersehen werden und vergessen.

In Schamis Buch besucht Gott schließlich einen Mann. Denn, so überlegt er, »wenn der Mensch als Kind so viel Weisheit im Herzen trägt, welch ein göttliches Wesen wird dann später aus ihm?« Er begegnet einem Meister der Malerei in seinem Atelier. »Wie sieht Gott aus?« Der Maler arbeitet an einem Selbstportrait. Hin und her wandert sein Blick zwischen Spiegel und Leinwand. »Das ist Gott«, sagt er, ganz verliebt in sein leuchtendes Selbstbildnis. Kopfschüttelnd verlässt Gott die Erde und fragt sich, »ob er beim Menschen nicht irgendetwas falsch gemacht« habe. Das Bild aber, die feine Zeichnung, die Andeutung – an dieser Stelle fehlt sie.

Wie sieht Gott aus? In der Bibel wird eine andere Geschichte erzählt.

(Hier kann Lk 2,8–14 gelesen werden, wenn nicht an früherer Stelle im Gottesdienst geschehen.)

In einem Kind, lesen wir bei Lukas, kommt Gott zur Welt. Nicht in einem, das Murmeln spielt mit den Planeten. Sondern in einem Neugeborenen. Hilflos, schutzbedürftig, in Windeln gewickelt wie jedes Menschenkind, in schwierige Verhältnisse hineingeboren und schon bald mit seinen Eltern auf der Flucht vor einem machtgierigen Herrscher. Von diesem Kind singen die Engel, dass es den Frieden bringe. Dass es der Retter sei. Dass es allen Menschen große Freude bringe.

Hirten und Könige machen sich auf den Weg, um das Kind zu sehen. Denen, die draußen leben, unter freiem Himmel und am Rande der Gesellschaft, will Gott nahe sein. Und denen, die Macht haben und für viele Verantwortung tragen. In vielen Farben ist das Krippenbild gemalt worden. Weil sich Menschen an allen Orten und zu jeder Zeit in ihm wiedergefunden haben. Weil Gott sich wiederfindet in jedem Menschenkind, unabhängig von seiner Farbe, seiner Herkunft, seinen Lebensumständen.

Und wie geht die Geschichte weiter? Das Kind in der Krippe, Jesus, wächst heran. Er entzieht sich nicht. Er bleibt auf der Erde. Bringt den Menschen Gottes Wort. Ist selber Gottes Wort, wenn er Kranken die Hände auflegt. Sünder freispricht von ihrer Last. Trauernden zuhört. Mit Außenseitern feiert. Wenn er jede Gewalt ablehnt und schließlich, von Gott und den Menschen verlassen, stirbt. Wenn er am Ostermorgen seinen Freunden als Auferstandener begegnet.

Gott geht nicht zurück in die ferne Unendlichkeit. Er bleibt bei seinen Menschen. Der unbegreifliche Gott hat sich festgelegt. Er zeigt sich uns in Jesus Christus. In dem Kind in der

Krippe. Und in dem Mann am Kreuz. Er verlässt uns nicht. Ob uns das Leben nun richtig herumwirbelt, dass wir nicht mehr wissen, wo oben und unten ist. Oder ob uns Gottes Atem da hinbläst, wo wir hinwollen. Immer ist er bei uns. Das können wir ruhig weitersagen.

Aufhänger von 1 bis 10

Von Heinz Behrends

1 Es soll alles so sein wie immer

»Wir müssen unbedingt mit unserem Jungen reden«, sagt er zu ihr. Sie sind auf dem falschen Gleis. »Er hat alle Chancen gehabt nach dem Abitur, dann Jahre gebraucht, seinen Berufswunsch zu finden. Jetzt ist er 31 und in einem Job, in dem nicht mehr als 181 100 € verdient.« – »Musst du immer über ihn meckern? Er merkt genau, dass du seine Arbeit nicht magst.«- »Ja, wenn er glücklich darin wäre, ist er aber nicht.« – »Er wird schon noch weiterkommen. Du bist immer ein Pessimist!« – »Pessimist? Realist bin ich. Ein Mensch muss heute darauf eingerichtet sein, dass er eine Familie notfalls auch alleinerziehend ernähren kann.« – »Ich will nichts davon hören!« –»Unser Junge muss sich zehn Stunden am Tag abmühen, er bekommt dafür keinen gerechten Lohn. Er kann mehr. Und glaubst du, dass die Zeiten einfacher werden? Die Einkommen werden nicht steigen, aber die Kosten für private Alterssicherung und im Krankheitsfall werden steigen. Was glaubst du, wie das in zwanzig Jahren aussehen wird! Wir müssen mit ihm reden.« – »Ja, meinetwegen, aber nicht Weihnachten.«

»Weihnachten ist das Fest der Liebe und des Friedens«, brummelt er in sich hinein. »Wann denn sonst als Weihnachten über die Zukunft reden?«

2 Der Ursprung des Seins ist Bewegung

Unterwegs sein ist schön. Er ist gern unterwegs. Seit zwei Tagen schlendert er durch Paris. Er lässt sich Zeit, stürzt nicht gleich auf jedes Ziel. Er schnuppert in den Antiquariaten und stöbert in den alten Büchern. Da hält ihn ein Satz gefangen. »Der Ursprung des Daseins ist die Bewegung.« Er schaut auf den Umschlag. Er hat ein Buch über alte arabische Weisheit in der Hand.

Der Ursprung des Daseins ist die Bewegung. Er fängt zu denken an. Reisen heißt im Arabischen safar, ach ja Safari … Er liest sich fest. Sihaya heißt mehr als reisen, es ist eine Pilgerreise. Eine gute Reise ist immer eine Pilgerreise. Seine Französisch-Kenntnis lassen ihn sich an einen alten Spruch erinnern: »Durchreise die Welt, um zu meditieren und dich Gott zu nähern.«

Der da so sinnierend durch die große Stadt und ihre Buchläden zieht, ist der bedeutende holländische Schriftsteller Kees Nootebohm. Er ist ein Mann, der – in seinen Büchern immer unterwegs – in die tiefen Einsichten des Lebens schaut und dafür eine ungewöhnlich schöne Sprache findet.

Der Ursprung des Daseins ist die Bewegung. – Durchreise die Welt, um zu meditieren und dich Gott zu nähern. Nicht das Reisen in seinen unruhigen jungen Jahren ist gemeint, möglichst viel auf einmal sehen und erleben, sich Ziele setzen und erreichen. Mit vierzig plötzlich merken, dass alles entschieden ist, und in sich zusammen sinken oder ausflippen. Am Ende dann alles wie ein Mosaik mit seinen Bruchstücken zusammensetzen.

Nein, sondern: sich Zeit nehmen, nichts Besonderes wollen, schlendern, schauen, ruhen. Diese Art von Bewegung, so wie sie diese Nacht uns bietet. Einmal einfach nur sitzen. Ein elementares Bedürfnis. Mancher kehrt in diesen Tagen nach einer kleinen Lebensreise in die Fremde wieder nach Hause, um dann wieder aufzubrechen – aufzubrechen zu Maria, der Nachdenklichen, nach Bethlehem?

3 Geheimnis der Wiederkehr

»Wir haben hier keine bleibende Stadt.« Das ist eines der Bilder in der Bibel für diesen Gedanken. Wir können nie bleiben, wo wir sind. Wir brauchen Heimat, ein Zuhause, und möchten uns doch bewegen und weiterziehen.

In einem Film, der vor Jahren lief, kommt das eindrucksvoll zur Geltung. »Nomaden der Lüfte« heißt er. Da hat ein Filmteam mit speziellen Kameras den Weg der Zugvögel mit verfolgt. Man fliegt als Zuschauer quasi mit ihnen von der Sahara über Wüste, Meere, Kontinent bis zur Arktis. Man sieht ihre Anstrengung und ihre große Freiheit. Ihr Ziel ist, dort oben im Norden ihre Eier zu legen, auszubrüten und zurückzukehren. Ziel ist Leben zu schaffen.

In dem Film wird nur ein Satz gesagt: »Das Geheimnis der Wiederkehr.« Wo ist einmal unser Ziel, wohin kehren wir hin oder zurück? Im Psalm 23 ist das Ziel mit dem vertrauten Bild des Vaterhauses beschrieben. »Ich werde bleiben im Hause des Herrn immerdar.«

Wir bewegen uns äußerlich wie die Zugvögel in dem Film oder an dem Ort, an dem wir leben, wenn wir uns von Geburt an immer auf Neues einstellen müssen. Und kehren wieder. Wir suchen ein Zuhause. »Driving home for Christmas«, heißt ein romantisches Weihnachtslied im Country-Stil. Ich frage mich: Warum ist das so ein Evergreen?

4 Bedürfnis spüren und Leid tragen

Martin Buber erzählt in einer Weisheit aus den Chassidim von einem Bauern, der mit anderen Bauern in der Schenke saß. Er schwieg lange, sie hatten schon einiges getrunken, als er seinen Nachbarn fragt: »Sag du, liebst du mich oder liebst du mich nicht?« Jener antwortete: »Ich liebe dich sehr.« »Du sagst, ich liebe dich, und weißt doch nicht, was mir fehlt. Liebtest du mich in Wahrheit, du würdest es wissen.« Und dann schwieg er wieder. Ich aber verstand, schreibt Buber: Das ist die Liebe zu den Menschen, ihr Bedürfen zu spüren und ihr Leid zu tragen. Seht, welch eine Liebe hat uns Gott erwiesen!

5 Dauerversorgt im Disneyland

»Wir leben wie Kinder dauerversorgt in einem planetarischen Disneyland«, schreibt der Kulturkritiker Pascal Bruckner in seinem Buch »Krankheit der Moderne«. Der schrumpfende Mensch, schreibt er, das infantile Lebewesen, das die Privilegien des Kindes mit ins Erwachsenenalter hinüberretten will. »Be yourself« ist das Motto. Sei für immer das, was du bist. Unterdrücke keinerlei Triebe, denn dein Verlangen ist durch nicht zu übertreffen. Alle haben Pflichten, nur du nicht.« Ich frage mich: Ist Gott deshalb Kind geworden?

6 Wer niemals in seinem Herzen Trauer gespürt, ist kein Mensch

Selma Lagerlöff erzählt von dieser Erfahrung in ihrer Geschichte von Jan in Skrolykke, dem schon etwas älteren Junggesellen, der nun endlich geheiratet hat – man muss doch jemanden haben, der einem das Essen macht und für saubere Wäsche sorgt – und dann sieht es auch danach aus, dass dabei ein Kind herauskommen wird. Ja, das war nun nicht ganz der Sinn der Sache, meint Jan. Das Kind ist das Projekt seiner Frau. Ein Mund mehr, der satt werden wollte. Und viel Geschrei und Lärm. Jan weiß, dass Kinder hungrig sind und Lärm machen. Und jetzt sitzt er draußen im Holzschuppen, während im Hause die Geburt stattfindet. Mürrisch und verdrießlich sitzt er da draußen, von der Hebamme und den anderen Frauen fortgeschickt, in der Dunkelheit des Schuppens und wartet. Schließlich kommen sie aus dem Haus und holen ihn. »Es ist ein Mädchen.«

Na. Ein hässliches, gerötetes, runzeliges Gesicht kann er sehen. Da legt die Hebamme das kleine Bündel in seine Arme. Und Jan trifft der Schlag. Das Herz in seiner Brust beginnt zu hämmern, wie es nie zuvor gehämmert hat. Erschrocken bittet er die Hebamme nachzufühlen. Glaubt sie, dass er krank ist? Die Hebamme schlägt besorgt vor, dass sie das Kind wieder nimmt, aber es kann keine Rede davon sein, dass Jan das Mädchen wieder weggibt.

Und da begreift die Hebamme, wie es um Jan steht. »Hast du niemals jemanden so lieb gehabt, dass du um ihretwillen Herzklopfen gehabt hast?«, fragt sie. »Nee«, antwortet Jan. Und auf einmal begreift auch er sowohl, was eben jetzt geschieht, als auch, was bisher mit ihm los war. »Denn wer niemals in seinem Herzen etwas von Trauer oder Freude gemerkt hat, der kann wohl nicht als ein richtiger Mensch gelten.«

7 Großes Leid und Stille Nacht

Joseph Mohr wurde am 11. Dezember 1792 um 12 Uhr in Salzburg geboren, um 16 Uhr im Dom getauft. Der Scharfrichter war sein Pate, ließ sich aber vertreten. Nicht ganz klar, in welcher Beziehung er zur Mutter stand. Josephs Vater war jedenfalls bei der Geburt schon über alle Berge, fahnenflüchtig als Soldat, ward nie wieder gesehen. Seine Mutter gebar später weitere drei Kinder, alle von verschiedenen Vätern. Sie hat sich mit ihren Kindern in Salzburg durchgeschlagen. Wir wissen nicht, womit. Die Truppen Napoleons hatten die ganze Stadt auf den Kopf gestellt. In einer Urkunde wird sie der Hurerei beschuldigt.

Es ist die Sehnsucht, die später den 24-jährigen Joseph als jungen Hilfspfarrer nach dem »trauten hochheiligen Paar« schauen lässt. Je schlechter es mir geht, desto tiefer die Sehnsucht. Und die Urbilder bekommen ihre Bedeutung: Familie. Freude am Kind. Mohr hat sich aus dem Schlamassel der Familie lösen können, weil kirchliche Schulen sich seiner annahmen, sein musikalisches Talent förderten. Es war der Domchorvikar Hiernle in Salzburg, der ihn ermutigte und als väterlicher Freund ins Leben brachte, sodass er als Hilfspfarrer in Mariapfarr an der Salzach landete und dort 1816 sein Lied schrieb, zwei Jähre später in Oberndorf Hilfspfarrer wurde, wo Franz Gruber sein Organist war. Und es zur schlichten Begegnung zweier bescheidener Männer mit späterer Welt-Bedeutung kam.

Trautes hochheiliges Paar. Wir wissen zu gut, dass es keine heile Familie gibt. Aber die heilige Familie. Weil sie sich zu Gott gehörig fühlt. Und von Gott durch alle Gefährdungen des Lebens geführt wird. Er ist den einfachen Menschen so nahe, wie die Weihnachts-geschichte es vermittelt. Joseph

Mohr liebte die Nähe zu den einfachen Menschen. In der Kneipe trifft man sie. Dort schaut man ihnen aufs Maul. So hat er es gemacht. Sein Bischof hat ihn deshalb immer wieder versetzt. Achtmal in elf Jahren, bis er in Hinterseer und Wagrain Ruhe fand. Als einfacher Mann ist er auch gestorben. Mehr als sein Gewand hat er nicht hinterlassen. Sein Grab in Wagrain war lange unbekannt.

Gruber dagegen ist ein reiches Leben geschenkt. Mit seinen drei Frauen, die er alle zu Grabe tragen musste, hat er zwölf Kinder. Fast dreißig Jahre ist er zuletzt Lehrer und Organist in Hallein bei Salzburg. Er hat den Text von »Stille Nacht« groß gemacht. Die Stille und die Freude. Die Rettung zu Musik gemacht.

8 Gott im d-moll Klavierkonzert

Die Welt, die das Heil in Bethlehem nicht erkennt, sucht immer noch eigene Wege, die Sehnsucht nach Ganzheit zu erfüllen.

- *Der Erlebnis-Zwang. Event.* Wenn ich diese Tage Menschen frage, was sie sich wünschen, dann antworten sie: Ruhe. Einfach nur mal sitzen. Gott sei Dank eine Gegenkraft gegen den Erlebnis-Zwang!
- *Der Harmonie-Zwang.* Alles muss gut sein. Das Wort Sünde kennt man da nicht. Abgründe im Menschen darf es nicht geben. Positiv denken, heißt es. Die Harmoniker kommen oft im Gewand des Dialogs daher. Bloß keine Position beziehen. Dialog als Ausdruck von Feigheit. Du darfst leben wie du willst, damit ich mich nicht von dir anfragen lassen muss.

Die Suche nach Ganzheit, nach Heil ist eine Suche nach Gott. Die Theologin Dorothee Sölle wird immer wieder von Journalisten gefragt, welches Gottesbild sie eigentlich hat. »Mal dieses, mal jenes«, antwortet sie. »Vater oder Mutter oder Morgenglanz der Ewigkeit oder d-moll-Klavierkonzert. Es kommt darauf an, wo ich Gott treffe.«

9 Maria

- Maria, eine Kämpferin. Sie kündigt den Gewaltherren ihr Ende an, den Hochmütigen ihren Fall.
- Und sie ist eine Nachdenkliche. »Maria aber behielt alle diese Worte und bewegte sie in ihrem Herzen.«

Kampf und Kontemplation. Das macht selbstbewusst. Später hat man in einer Kirche mit unverheirateten Priestern die Jungfrauschaft Marias mehr hervorgehoben, in einer männerdominierten Kirche die Mutter Maria. Ich mag die Selbstbewusste, Kämpferin und Beterin zugleich. Im Bild gesprochen die wahre Königin. Vorbild im Glauben.

Deshalb kann sie auch trösten. »When I find myself in times of trouble«, singen die Beatles in ihrem Marien-Lied. Trösten heißt im Hebräischen natam, »ich bin da.« Trost im Indogermanischen kommt von treu. Gewinne innere Festigkeit. Das Englische leitet davon das Wort »trust« ab. Vertrauen. Wenn du jemanden tröstest, dann gewinnt er Festigkeit und neues Vertrauen. Für mich ist Maria der Inbegriff für Trost und Treue.

10 Gottes Mutter und Pop-Ikone

Haben Sie letzte Zeit etwas von Madonna gehört? Ich meine nicht die Gottes Mutter. Ich meine Madonna, die Pop-Ikone. Die erfolgreichste Pop-Sängerin aller Zeiten. Madonna Louise Ciccone heißt sie als Kind einer amerikanischen Familie mit italienischen Wurzeln. Seit sie Erfolg hat, nur noch Madonna. Sie spielt in allem auf die Maria der Bibel an. »Like a virgin« heißt ihr erster Song. Ihre erste Tochter nennt sie Maria Lourdes, den Sohn Rocco, Fels, Petrus. Dann fängt sie an, Kinder aus Malawi zu adoptieren. David heißt der erste, Mercy, Gnade das zweite. Ihr dritter Mann Richie hat die Nase voll von der Adoptiererei und zieht einige Häuser weiter.

Sie zeigt mit über fünfzig Jahren ihre ganze Fitness bei ihren Konzerten auf der Bühne und verliebt sich in einen 28 Jahre jüngeren Brasilianer. Wie heißt er? Jesus Luz. Sie spielt mit der Anspielung auf Maria, der Jungfrau und der Mutter.

Kurzer Lederrock, Beine zeigen. Einblick ins Dekolleté. Bühnenbild mit Kreuz. Celebration heißt eine spätere CD. Sie zelebriert eine Mischung aus Sex und Religion mit guter Musik. Sie vermischt das Heilige mit dem Kommerz.

Mitten in einer von Vernunft und Weltlichkeit geprägten modernen Welt wächst die Sehnsucht nach Geheimnis und Geborgenheit. Die Gefühle wissen sich aufgehoben bei Maria, der Gottesmutter. Schon bei den Beatles deutete sich das an. Sie zeigen sich als seriöse Verehrer der Maria. »When I find myself in times of trouble, mother Mary comes to me … » – Wenn ich Sorgen habe, kommt Mutter Maria zu mir und spricht Worte der Weisheit: *Let it be.* Lass es gut sein.«

Sternschnuppen

Von Judith Augustin

Eigentlich wollte ich nicht lange bleiben.
Und jetzt ist es schon kurz nach Mitternacht.
Ich schließe meine Wohnungstür auf.
»Schön, einfach nur schön«, höre ich mich murmeln.
»Nett. Spannend.«
Ich sehe mich Schlüssel und Schuhe von mir werfen.
Klick, zu ist die Tür. Beine hoch aufs Sofa.
Dabei wollte ich nur wie jedes Jahr kurz eine Tüte Kekse vom Adventsfest vorbeibringen.
So aus Anstand und Sitte.
Dann haben wir uns festgeschnackt.
Und … ja: Glücklich bin ich jetzt:
»Wie geht es dir, was macht das Leben?
Erzähle mir von da draußen.

Wie ist es in diesen Tagen?
Heute Kaffee mit ein wenig Zimt, ja?« …
Und am Ende dieses »Gott behüte dich –
Er segne dich in dieser Heiligen Nacht.
Uns ist heute der Heiland geboren!«
Und ich denke bei mir:
Sie hat mir die Sterne vom Himmel geholt:
Erst mit dem Zimt im Kaffee
und dann mit ihren guten Worten –
wie Sternschnuppen
direkt ins Herz.
Vom Himmel hoch, da komm ich her …

Engel, das heißt Bote

Von Siegfried Macht

engel
das heißt bote
wer wird gehn für gott?
menschen unter menschen
leiden not und spott

engel
das heißt bote
ist dem menschen bang
geht für ihn ein andrer
gottes arm ist lang

engel
das heißt bote
wer wird gehn für gott
mensch sein unter menschen
leiden not und spott

engel
das heißt bote
macht sich keiner auf
kommt der himmel selber
nimmt den tod in kauf

Sage

Von Siegfried Macht

Der Ort und der Tag sind Kulissen,
aus Raum und Zeit fällt ein Kind.
Sage, sage und schreibe:
Aus Raum und Zeit fällt ein Kind.

Das Loch in der Wand eines Felsens,
es wird zu Krippe und Stall.
Sage, sage und schreibe:
Es wird zu Krippe und Stall.

Aus rauhestem Volk wilde Männer,
als Hirten sehen wir sie.
Sage, sage und schreibe:
Als Hirten sehen wir sie.

Der Himmel selbst nimmt Gestalt an,
die Nacht erhellt sich und spricht.
Sage, sage und schreibe:
Die Nacht erhellt sich und spricht.

Dies Kind ist nicht einem geboren,
dies Kind ist der Menschen Sohn.
Sage, sage und schreibe:
Dies Kind ist der Menschen-Sohn.

Und über ihm steht ein Zeichen,
ein Stern besonderer Art.
Sage, sage und schreibe:
Ein Stern besonderer Art.

Denn bald wird er viele verändern;
die sagen und schreiben das Stück
von ihrer großen Veränderung
zur Geburt des ganz Andren zurück.

Kinderfreund (ein Haiku)

Von Siegfried Macht

Betreten der Grün-
Fläche verboten. Eltern haften
für ihre Kinder…

Weiß fällt zur Nacht der Himmel
auf Grün und Schild und – haftet.

Märchen

Warum die Engel Halleluja singen

Von Siegfried Macht

Lange bevor die Sonne und der Mond, die Erde und die Sterne geschaffen wurden, waren bei Gott die Engel. Und weil viele der Engel gar nicht so recht wussten, was sie die ganze lange Ewigkeit tun sollten, versammelten sie sich eines Tages um den Herrn des Himmels und baten ihn, dass er sich doch etwas von ihnen wünschen solle.

Der aber, als hätte er nur darauf gewartet, sprach: »Rückt alle ein wenig mehr zusammen, aber so, dass jeder jedem am nächsten steht.« Also rückten sie alle einander näher, aber – oh weh: Kaum rückte der eine seinem rechten Nachbarn näher, war er vom linken nur umso weiter entfernt. Und rückte er auf diesen zu, so musste er jenen allein lassen.

Nachdem sie so eine Weile ratlos hin und hergegangen waren und in einem großen weiten Kreis um den Herrgott standen, da endlich sprach Gabriel: »Nicht nach rechts oder links lasst uns gehen, sondern noch weiter auf den Herrn zu, soweit es irgend geht, so kommen wir auch einander näher, dass es näher nicht geht.«

Und – gesagt, getan – fanden sich alle zum engsten Kreis und singen seitdem ihr »Gelobt sei Gott«. Nicht etwa, weil Gott des Lobes bedürfte wie ein König, der eitel ihn zu rühmen auf die Tagesordnung setzt – nein, sondern weil sie nirgendwie anders alle einander so nahe kamen wie im Zugehen auf Gott.

Märchen

Das wertvollste Geschenk

Von Siegfried Macht

Einst hörte der König, dass vor den Toren seiner Stadt ein weiser Mann leben solle, der große Dinge täte. Dem schickte er einen kostbaren Edelstein und ließ ihm sagen: »Es heißt, Gott hätte dich reich bedacht; so wird es dir ein Leichtes sein, meinen Knecht reicher beschenkt zu mir, deinem König, zurückzusenden, als ich ihn zu dir sandte.«

Der Knecht kam zurück, mit leeren Händen – aber sprach ein Gebet, das der Weise ihn gelehrt hatte. Zornig schickte der König abermals Knechte hinaus und ließ den Weisen vor sich rufen:

»Habe ich dir nicht meinen größten Schatz gesandt – und du speist mich ab mit leerem Geschwätz?« Der aber sprach: »Entscheide selbst, was wertvoller ist: Du hast mir etwas geschickt, das ich behüten muss – ich aber sandte dir etwas, das dich behüten wird.«

Eine andere Weihnachtsgeschichte

Von Eckard Siggelkow

Die Geschichte spielt in den 1980er Jahren im englischen Kohlerevier. Es herrscht Streik. Die Bergleute und Grubenarbeiter stehen in einem erbitterten Kampf gegen die beabsichtigte Schließung von Minen. Sie bekommen die geballte Macht des englischen Staates zu spüren. Es herrscht Krieg auf den Straßen. Die Schlachten zwischen den Bergleuten, den Polizisten und Soldaten werden mit äußerster Härte geführt: Wasserwerfer und Gummiknüppel auf der einen, Latten und Steine auf der anderen Seite. Es geht ums Überleben.

Der jüngste Sohn einer Bergmannsfamilie wird zum Boxunterricht geschickt. Seine Mutter ist gestorben und er soll rechtzeitig lernen, sich durchzusetzen und seine Fäusten einzusetzen. Auszuteilen statt einzustecken. So wie die Männer, die vor den Werkstoren Wache stehen und dafür sorgen, dass niemand hineingelangt. Aber der Junge kann nicht. So sehr er sich auch bemüht, er steckt ein statt auszuteilen. Er spürt zutiefst, dass Boxen kein Sport für ihn ist. Er fühlt sich zum Ballettunterricht hingezogen, der auf der anderen Seite der Turnhalle hinter einen Trennwand erteilt wird. Er zieht die Boxhandschuhe aus und nimmt am Ballettunterricht teil. Niemand, der es merkt. Er will tanzen lernen, wenn es sein muss, barfuß – auch ohne Ballettschuhe. Sein Vater und sein Bruder kriegen das nicht mit. Sie wären außer sich.

Der Junge fällt der Tanzlehrerin auf. Sie erkennt sein Talent und ist davon so beeindruckt, dass sie ihm Einzelunterricht geben will. Sie fasst sich ein Herz, sucht den Vater zu Hause auf. Sie erklärt ihm, was für eine ungewöhnliche Begabung in dem Jungen steckt. Der wirft sie kurzerhand hinaus. Als der Junge nach Hause kommt, kriegt er die Wut und den Zorn des Vaters und des älteren Bruders zu spüren.

Der Streik treibt seinem Höhepunkt entgegen, sie kämpfen ums Überleben, obwohl sie kaum noch etwas zum Leben haben – und der Junge hat nichts anderes im Kopf als Tanzen.

Kurz vor Weihnachten fängt es an zu schneien. Es ist ungewöhnlich kalt, sie haben nichts, womit sie heizen könnten. An Weihnachten geht der Vater nach draußen und zerhackt auf dem Hof das Klavier, das ihm von seiner Frau geblieben ist: Wenigstens zu Weihnachten soll es warm sein in der Stube. Geschenke gibt es nicht. Als er sieht, wie im Kamin die Tasten des Klaviers brennen, bricht die ganze Verzweiflung über ihre Lage aus ihm heraus. Mit zusammengepressten Lippen vermag er gerade noch ein »Frohes Fest« herauszubringen, dann bricht er zusammen.

Bald danach erwischt der Vater den Jungen in der Turnhalle beim Tanzen. Er kann es nicht fassen, geht auf den Jungen zu. Der weiß sich nicht anders zu helfen und beginnt zu tanzen. Seine ganze Leidenschaft und Sehnsucht legt in die Schritte und Sprünge. Da geschieht etwas Unglaubliches: Der Vater bleibt stehen und schaut dem Jungen mit steigender Anteilnahme zu. Er beginnt zu ahnen, was da in seinem Jungen steckt.

Aber woher soll er das Geld für den Unterricht nehmen, damit der Junge eine Chance hat, bei der Tanzakademie in London aufgenommen zu werden? – Er wird zum Streikbrecher, und nimmt als einer von wenigen die Arbeit in der Grube auf.

Aus Liebe zu seinem Sohn fällt er seinen Kollegen und seinem älteren Sohn in den Rücken. Er verrät auch seine eigene Überzeugung.

Als er vom älteren Sohn auf dem Gelände der Mine gestellt wird, bricht er noch einmal zusammen. Unter Tränen vermag er ihn zu überzeugen, dass der Junge Tänzer werden muss, wenn sie nicht an ihm schuldig werden wollen. Sie geben das Letzte, was sie haben, auch den Schmuck der Mutter.

Der Streik geht verloren. Vater und Sohn fahren wieder in die Grube ohne Aussicht, dass ihnen ihre Arbeit bleiben wird. Sie haben keine Perspektive. Der Junge schafft den Sprung an die Akademie. Als er seinen ersten großen Auftritt an der Oper in London hat, sitzen Vater und Bruder und die wenigen Freunde, die geblieben sind, im Publikum.

Szenen aus dem Film »Billy Elliot – I will dance«. Ein Film über die Faszination des Tanzes, der Empfindungen und Gefühle freisetzt. Weihnachten kommt darin kaum vor, außer in der einen Szene am Weihnachtstag. Aber wenn zwei Menschen alles drangeben, um einen anderen aus Einsicht und Liebe zum Leben verhelfen, dann hat das eine Menge mit Weinachten zu tun.

Weihnachten mit Paul Auster

Von Eckard Siggelkow

Er ist Schriftsteller. Aber seit dem Tod seiner Frau ist ihm nichts Rechtes mehr gelungen. Ein paar Tage vor Weihnachten erhält er von der New York Times das Angebot, eine Weihnachtsgeschichte zu schreiben. Er sucht nach einem Thema, aber ihm fällt nichts ein. Verzweifelt erzählt er seinem Freund, dem Besitzer eines kleinen Tabakladens davon. Der erinnert sich an eine merkwürdige Begebenheit.

Vor einigen Jahren hatte er vergeblich versucht, einem Ladendieb seine Beute abzujagen. Bei der wilden Verfolgungsjagd rutschte dem Dieb die Brieftasche samt Führerschein mit Adresse und einigen Fotos aus der Tasche. Beim Betrachten wird klar, dass der Dieb im benachbarten Armutsviertel aufwächst – einer der Jugendlichen, die durch solche Diebereien ihr Leben bestreiten. In einem Anflug von Nachsicht legte er die Brieftasche beiseite und vergaß sie mit der Zeit.

Zufällig fällt sie ihm an einem Weihnachtstag wieder in die Hände. Da er nichts anderes vorhat, macht er sich auf den Weg, um sie dem Besitzer zurückzubringen. Die Adresse führt ihn in ein heruntergekommenes Viertel. Er verläuft sich beinahe. Schließlich steht er vor dem richtigen Haus.

Er klingelt an der Wohnungstür. Nichts rührt sich. Er will schon gehen, da öffnet sich doch noch die Tür. Vor ihm steht eine alte Frau, die ihn überschwänglich begrüßt. Sie hält ihn für ihren Neffen, der versprochen hatte, sie Weihnachten zu besuchen. Er will sie auf die Verwechselung aufmerksam machen, da bemerkt er, dass sie blind ist. Er zögert, dann lässt er sich, einer spontanen Eingebung folgend, auf die Verwechselung ein. Überglücklich schließt sie ihn in die Arme und muss erkennen, dass er nicht ihr Neffe ist.

Erschrocken hält sie inne – dann schiebt sie aufkommende Ängstlichkeit beiseite und tut so, als habe sie die Verwechselung nicht bemerkt. Sie bittet ihn ins Wohnzimmer, wo sie ein Gespräch beginnen. Er lügt das Blaue vom Himmel herunter, um ihr weiszumachen, wie gut es ihm geht. Erfreut geht sie darauf ein: Sie habe schon immer gewusst, dass er es einmal zu etwas bringen wird.

Weil sie nichts Rechtes zu essen im Hause hat, besorgt er zu Mittag ein Hähnchen und einen kleinen Eimer Kartoffelsalat. Sie hat ein paar Flaschen Rotwein im Schrank versteckt. So kriegen sie ein kleines Festmahl zustande. Über dem Wein werden sie lustig und beschwingt, es kommt richtig fröhliche Stimmung auf.

Als er auf die Toilette muss, verschlägt es ihm die Sprache. In einem Regal hoch an der Wand sind ganze Stapel funkelnagelneuer Fotoapparate aufgereiht. Das Bad dient dem Neffen augenscheinlich als Zwischenlager für sein Diebesgut.

Als er wieder ins Wohnzimmer kommt, liegt die alte Frau selig schnarchend auf dem Sofa und schläft ihren Schwips aus. Er wäscht noch das Geschirr ab. Dann macht er sich auf den Heimweg. Die Brieftasche mit dem Führerschein lässt er im Tausch gegen einen Fotoapparat zurück.

Eine Geschichte in der Geschichte. Paul Auster, der Schriftsteller, hat sie »Auggie Wrengs Weihnachtsgeschichte« genannt. Gemessen an unseren (deutschen) Vorstellungen ist darin wenig vorhanden, was für uns zu Weihnachten gehört (abgesehen vom Kartoffelsalat).

Gemessen an dem, was Weihnachten ausmacht, ist allerdings alles vorhanden, wie der Schriftsteller seinem Freund bescheinigt, bevor er daran geht, die Geschichte für die Zeitung zu Weihnachten aufzuschreiben: »Du hast sie glücklich gemacht.«

Weihnachten mit Theodor Storm

Von Eckard Siggelkow

Weihnachtslied

Vom Himmel in die tiefsten Klüfte
Ein milder Stern herniederlacht;
Vom Tannenwalde steigen Düfte
Und hauchen durch die Winterlüfte,
Und kerzenhelle wird die Nacht.

Mir ist das Herz so froh erschrocken,
Das ist die liebe Weihnachtszeit!
Ich höre fernher Kirchenglocken
Mich lieblich heimatlich verlocken
In märchenstille Herrlichkeit.

Ein frommer Zauber hält mich wieder,
Anbetend, staunend muß ich stehn;
Es sinkt auf meine Augenlider
Ein goldner Kindertraum hernieder,
Ich fühl's, ein Wunder ist geschehn.

Theodor Storm[12]

12 In: ders., Gedichte. Gesammelte Werke in sechs Bänden, Band 1, hg. von Gottfried Honnefelder, Frankfurt a. M. 1983.

Es ist ein anderes Weihnachten, als wir es aller Orten finden, wo Lichterketten die Straßen beleuchten, der Duft von Glühweinständen und Bratwurstbuden durch die Weihnachtsmärkte zieht und *Jingle Bells* und *White Christmas* aus den Lautsprechern ertönt.

Im Gedicht lacht ein »milder Stern« statt LED-Illumination hernieder, vom »Tannenwald steigen Düfte und hauchen durch die Winterlüfte«: Das ist die »liebe Weihnachtszeit«, die Theodor Storms Herz »so froh erschrocken« macht.

Dass in diesem Weihnachtslied keine Rede von der Geburt Christi ist, muss uns nicht wundern: Storm war kein gläubiger Christ. Sein aufgeklärter Verstand stand ihm im Wege, was er zeitlebens beklagte. So ist es nicht ganz verwunderlich, dass ihn besonders zu Weihnachten die tiefe Sehnsucht nach einer feierlich-religiösen Welt umtrieb: Zwar hört er nur von »fernher« das Läuten der Kirchenglocken«, doch ist ihr »Verlocken« stark genug, dass ein »frommer Zauber« ihn gefangen hält und ein »goldner Kindertraum« sich wundersam erfüllt.

Schläft ein Lied in allen Dingen,
Die da träumen fort und fort,
Und die Welt hebt an zu singen,
Triffst du nur das Zauberwort.

So dichtete Joseph v. Eichendorff. Die Romantiker waren überzeugt, dass die Dinge der Welt ein Geheimnis umschließen, dessen Wesen sich jedem offenbart, der »anbetend,« »träumend« und »staunend« verharrt.

Clemens Brentano dichtete den ernüchternden Reim darauf: »Kömmt dann Wahrheit mutternackt gelaufen, rennt den Traum sie schmerzlich über Haufen.« – Ein Verständnis von Welt, das sich lieber an Zahlen und Fakten als an Träume und Zauberworte hält.

Wo befinden Sie sich – heute, hier? Lassen Sie sich zur Weihnachtszeit »heimatlich verlocken« – wenn auch nicht gerade in »märchenstille Herrlichkeit«, so doch von jenen alten Geschichten, die der Zauber von menschlicher Wärme, Liebe und Verständnis erfüllt?

Vom König, der Gott sehen wollte

Nach Leo N. Tolstoi

In einem fernen Land lebte einmal ein König. Der König wurde alt und sehr traurig. Er wollte gar nichts mehr tun. »Seht«, sagte er, »in meinem Leben habe ich alles erlebt, was man erleben kann. Ich habe viel gesehen, gehört und erfahren. Nur eins habe ich nicht gesehen in meinem ganzen Leben: Gott habe ich nicht gesehen. Ihn möchte ich noch sehen, bevor ich sterbe.«

Deshalb befahl der König allen mächtigen Leuten, den Weisen und Priestern: »Zeigt mir Gott! Ihr habt dafür drei Tage Zeit. Wenn ihr es nicht schafft, werdet ihr schwer bestraft!«

Alle Bewohner des königlichen Palastes waren sehr traurig. Sie warteten auf ihren Tod. Genau nach drei Tagen rief der König alle vor sich. Aber keiner öffnete den Mund. Der König war sehr zornig. Er wollte das Todesurteil aussprechen.

Da kam ein Hirte vom Feld heim. Er hatte den Befehl des Königs gehört und sagte: »Erlaube mir König, deinen Wunsch zu erfüllen!« »Gut«, sagte der König, »aber denk daran, es geht um deinen Kopf!«

Der Hirte führte den König auf einen freien Platz und zeigte ihm die Sonne. »Sieh in die Sonne«, sagt er. Der König hob seine Augen und wollte hineinsehen. »Ich werde ja ganz geblendet, willst du mich umbringen?«, fragt der König. »Aber König«, sagte der Hirte, »das ist doch nur ein kleines Ding der Schöpfung. Wie ein kleiner Funke eines großen Feuers. Gott ist noch viel größer. Wie willst du mit deinen schwachen Augen Gott sehen? Suche ihn mit anderen Augen!«

Das gefiel dem König. Er fragte den Hirten: »Was war vor Gott?« Der Hirt dachte nach und sagte dann: »Fang an zu zählen!« Der König begann: »Eins, zwei, drei …« »Nein, nein«, unterbrach ihn der Hirte, »nicht so. Fange mit dem an, was vor eins kommt!« »Wie kann ich das denn? Vor ›eins‹ gibt es doch nichts.« – »Sehr klug gesprochen«, sagt der Hirte. Auch vor Gott gibt es nichts.«

Diese Antwort gefiel dem König noch besser. »Ich werde dich reich beschenken, wenn du mir noch eine dritte Frage beantworten kannst: Was macht Gott?«

Der Hirte merkte, dass das Herz des Königs weich geworden war. »Gut«, sagte er, »auch darauf will ich dir antworten.« Nur um eins bitte ich dich: »Lass uns für eine kurze Zeit die Kleider tauschen.«

Der König legte die Zeichen seiner Königswürde ab und kleidete damit den Hirten. Er selber zog dessen kaputte und schmutzige Kleider an und hängte sich die Hirtentasche um. Der Hirt setzte sich auf den Thron, nahm das Zepter und zeigte damit auf die Stufen des Throns. Dort stand der König mit seiner Hirtentasche. »Siehst du, das macht Gott! … In Jesus Christus wurde der große Gott selber ein Mensch. Er stieg von seinem Thron herab und kam als kleines Kind in einem Stall zur Welt. Ja, er nahm für uns sogar den Tod auf sich, den Verbrechertod am Kreuz.«

Der Hirte zog wieder seine eigene Kleidung an. Der König stand lange da und dachte nach. Die letzten Worte des Hirten gingen durch seinen Kopf. Plötzlich aber wurde er froh und sagte: »Jetzt sehe ich Gott.«

Weihnachtsstufen

Von Hans Freudenberg

Das Stichwort »Stufen« löst viele Bilder aus. »Stufen« lässt denken an Treppenstufen, Stufen aus Stein, Holz, Eisen, Beton, Stufenpyramiden im alten Ägypten und Stufentempel der Inkas, die Stufen des Altars; an Stufenbarren und Stufenheck, Rangstufen und Stufen geistiger Entwicklung; an Stufen zum Erfolg und an die Stufen des Lebens.

Das Bild der Stufen transportiert Erfahrungen und Empfindungen: Leben ist Aufbruch, Leben ist Bewegung; Leben verläuft nicht gradlinig, auch nicht auf einer Ebene, sondern vollzieht sich in Stufen. Stufen geben eine Bewegung vor, die im Wesentlichen von unten nach oben, auf ein Ziel hin, verläuft.

Vordergründig betrachtet kann sich der Eindruck ergeben, dass Stufen (fast) immer nach oben führen; dass der der am Ende belohnt wird, der sich ordentlich anstrengt (auch mal – wo's sein muss, die Ellenbogen einsetzt) – durch den unglaublichen Blick vom Gipfel ins Tal, den Mehrwert auf dem Konto, einen beachtlichen Karrieresprung – Leistung muss sich wieder lohnen! Aber was ist mit denen, die auf der Strecke bleiben? Für die die Luft dünn wird? Die beim Wettlauf nach oben und in ihrer Selbstausbeutung krank werden und zerbrechen?

Gibt es da eine Verbindung zu Weihnachten und zur Botschaft der Bibel? Gewiss, viele biblische Biografien und ihrer Wirkungsgeschichte erzählen von eindrucksvollen, mutigen Aufbrüchen zu neuen, meist unbekannten Zielen, z.B. von Abraham, der den lebenswichtigen Schutz- und Rechtsrahmen aufgibt und ins Ungewisse aufbricht; Jesus, der auf den Straßen Galiläas die Nähe von Menschen sucht, die auf der Stufenleiter ganz unten stehen, mühselig und beladen die meisten; oder Franz von Assisi, der aus alten Strukturen ausbricht, um ein freies Leben zu gewinnen, frei für sich und frei für andere. Sie alle brechen auf und aus – ohne Blaupause für eine erfolgreiche Lebensreise, aber unter Gottes Geist und Geleit.

Was die biblischen und nachbiblischen Biografien unter der Überschrift »der mitgehende Gott« erzählen, stellt die Weihnachtsgeschichte unter das Thema »der Mensch werdende Gott«: »Das Wort ward Fleisch«, Gott wurde Mensch; er wohnte unter uns, er wurde uns ein Nachbar.

Viele unserer Advents- und Weihnachtslieder stimmen staunend das Lob über den Gott an, der Mensch wird, der die Stufen herabsteigt, der die Himmelshallen gegen Stall und Futterkiste eintauscht. Seit der Nacht von Bethlehem sollen nie mehr Stufen, auch keine »Leistungsstufen der Frömmigkeit« den Weg zum Himmel verstellen.

Ich nenne fünf Liedbeispiele, die das Kommen Gottes besingen. Keines verwendet das Wort »Stufe«, aber alle betonen das Kommen bzw. Herabkommen Gottes:

- »Macht hoch die Tür, die Tor macht weit; es kommt der Herr der Herrlichkeit« (EG 1);
- »O Heiland, reiß die Himmel auf, herab, herab vom Himmel lauf…« (EG 7, 1);
- »Wo bleibst du, Trost der ganzen Welt, darauf sie all ihr Hoffnung stellt? O komm, ach komm vom höchsten Saal, komm, tröst uns hier im Jammertal« (EG 7, 4).

- »Seht, die gute Zeit ist nah, Gott kommt auf die Erde, kommt und ist für alle da, kommt, dass Friede werde« (EG 18, 1);
- »Heute geht aus seiner Kammer Gottes Held, der die Welt reißt aus allem Jammer« (EG 36, 2).

Weihnachten kehrt die Stufenbewegung um: Die Stufen verlaufen von nun an in umgekehrter Richtung: von oben nach unten – uns entgegen. Ort der Begegnung ist ein Viehstall, ein Ort ohne hinderliche Stufen und Schwellen – Jeder ist hier willkommen. Dazu passt eine kleine talmudische Erzählung:

Ein Schüler kam einst zu einem Rabbi und fragte: »Früher gab es Menschen, die Gott von Angesicht zu Angesicht geschaut haben. Warum gibt es sie heute nicht mehr?« Darauf antwortete der Rabbi: »Weil sich niemand mehr so tief bücken will.«

- Literarische Kontexte: Hermann Hesse, Stufen (Gedicht aus dem Jahr 1941)
- Künstlerische Kontexte: Bronze-Plastik von Luise Kött-Gärtner »Stufen zum Erfolg«

Ich träume vom Frieden

Von Hans Freudenberg

Wir leben in Frieden – Gott sei Dank! Seit bald siebzig Jahren leben wir in Frieden. Die Älteren unter uns kennen die Schrecken des Krieges, der Bombennächte, der Sirenen noch aus eigenem Erleben; die Bilder der Verstümmelten, der brennenden Häuser, der Flucht sind bei ihnen als dunkle Schatten immer präsent. Dankbar sind wir für so viele Jahre ohne Krieg.

Doch während wir in Frieden leben, ist in anderen Teilen unserer Welt kein Friede. Kriege toben in … (aktuelle Beispiele einfügen) und verursachen unsagbares Leid, besonders unter denen, die ihn nie gewollt haben und ihm schutzlos ausgeliefert sind – Frauen und Kinder. Und auch da, wo die Waffen schweigen, ist Friede noch lange nicht in Sicht.

Vor einigen Jahren erschien ein Buch mit dem Titel »Ich träume vom Frieden. Bilder vom Krieg, von Kindern aus dem ehemaligen Jugoslawien.«[13] Dieses UNICEF-Buch hat mich sehr angerührt mit seinen Albtraum- und Sehnsuchtsbildern traumatisierter und verletzter Kinder – beschädigt an ihren kleinen Körpern und an ihren Seelen. Einer, Alexander, bei der Explosion eines Molotow-Cocktails schwer verbrannt, flüstert, von Schmerzen geschwächt: »Wenn ich meine Augen schließe, träume ich vom Frieden« (ebd., 7).

13 UNICEF (Hg.), München 1994.

Da ist es, das Thema »Sehnsucht nach Frieden« – das Thema unendlich vieler Kinder, denen die Zukunft gestohlen wurde, das Thema so vieler Erwachsener, denen die Bilder fehlen, um ihren Kindern und Enkeln den Frieden auszumalen.

»Friede« ist nicht nur in unserer Welt ein Sehnsuchts- und Schlüsselwort; »Friede« ist auch ein biblischer Zentralbegriff:

- »Friede auf Erden« verheißt der Engel den Hirten auf Bethlehems Feldern in der Weihnachtsnacht;
- »Friede« ist Inhalt des Grußes »Friede sei mit dir!« wie des Abschieds- und Segenswunsches »Gehe hin in Frieden!«
- Von Gott wird gesagt, dass er ein »Gott des Friedens« sei (1Kor 14,33), der den »Frieden wie einen Strom ausbreiten« (Jes 66,12) und durch den der Messias »unsere Füße auf den Weg des Friedens« (Lk 1,79) lenken wird.

Wie aber ist der biblische Begriff »Friede« inhaltlich gefüllt? Das alttestamentlich-hebräische Wort ist »schalom«: »Schalom sei mit dir!«; »Gehe hin in Schalom!«

»Schalom« ist in seinem Bedeutungsspektrum viel weiter gefasst als unser Wort »Friede«. Seine Grundbedeutung ist: ganz / vollständig / wohlbehalten / gesund / heil.

Wo also von »Schalom« die Rede ist, ist das alles mitgemeint: Ganzheit, Harmonie, Wohlergehen und Glück, vor Gefahren geschützt sein, umfriedet sein – und: im Bund mit Gott leben.

Schalom war und ist immer wieder gefährdet, gefährdet durch Menschen, durch ihren Neid, durch Hass, durch Ausbeutung anderer oder der guten Schöpfung, durch den alten und ewigen Wunsch nach Gottgleichheit. Als der Friede in Israels Geschichte endgültig dahin ist, verdichtet sich der Schalom-Gedanke zu utopischen Bildern einer ganz neuen universalen Qualität:

Schwerter sollen zu Pflügen und Spieße zu Rebmessern umgegegossen werden (Jes 2,4; Mi 4,3), Wolf und Lamm friedlich nebeneinander weiden, d. h. auch die Kreatur ist in diesen zukünftigen Frieden einbezogen (Jes 11,6 ff.).

Die Botschaft des Evangeliums löst die messianischen shalom-Verheißungen ein und stellt sie unter das Leitmotiv »Friede auf Erden bei den Menschen seines Wohlgefallens« (Lk 2,14).

In der Weihnachtsgeschichte des Lukas kreuzen sich zwei grundverschiedene Verständnisse von Frieden: Auf der einen Seite steht der »Friede« des Kaisers Augustus: Befehle, Soldaten, Steuern, Listen, Obdachlose sind die Attribute, mit denen dieser »Friede« beschrieben wird. Diese »Pax Romana« lebt von Gewalt (vor allem gegen Schwache), übt Herrschaft rücksichtlos aus. Sie raubt Hoffnung, bringt Elend und Tränen.

In diese zerrissene Welt tritt Gottes Friede, tritt die »Pax Christi« ein: Statt des Palastes ein Stall, statt des Kaisers ein Kind, statt Macht Ohnmacht, statt der Würdenträger des Reiches die Hirten, statt des Machtzentrums Rom die abgelegene Provinz Judäa. Die Welt wird auf den Kopf gestellt und alle Maßstäbe werden verändert: »Er stößt die Gewaltigen vom Thron und erhebt die Niedrigen. Die Hungrigen erfüllt er mit Gütern und lässt die Reichen leer ausgehen« (Lk 1,52 f.).

Dieser neue, andere Friede richtet die auf, die unter der »Pax Romana« alter und neuer Ausprägung leiden: die Hirten (und die, die auch heute ohne Ansehen und Namen sind), die Lahmen (und die bei uns durch Angst und Verlust Gelähmten), die Blinden (und die von allerlei Illusionen Geblendeten).

Der Friede, der von Gott kommt, hat Wagnis- und Verheißungscharakter: Die kriegsmüde Welt kann neu werden und die sehnsuchtsvollen Träume von Kriegskindern beflügeln. Roberto, 10 Jahre, aus Pula träumt:

Wenn ich Präsident wäre, wären die Panzer Spielhäuser für Kinder. Bonbonschachteln würden vom Himmel fallen. Die Granaten würden Luftballons verschießen. Aus den Gewehren würden Blumen wachsen. Alle Kinder der Welt würden in Frieden schlafen, ungestört von Alarmsirenen und Schießereien. Die Flüchtlinge würden in ihre Dörfer zurückkehren. Und wir würden einen neuen Anfang machen.«[14]

Biblische Kontexte: Jes 11 / Micha 4
Liturgische Kontexte: F. K. Barth / H.-J. Netz, Wolf und Lamm, in: Unkraut Leben, Peter Janssens Musik Verlag, Telgte

14 A. a. O., 72.

Ein Wunder ist geschehen

Von Hans Freudenberg

»Es gibt zwei Arten, sein Leben zu leben: entweder so, als wäre nichts ein Wunder, oder so, als wäre alles ein Wunder.«

Albert Einstein

Das ist wohl wahr: Es gibt Realisten, die sich nur der Macht des Faktischen, des Berechen- und Planbaren verpflichtet fühlen und Wunder als der menschlichen Erfahrung und den Naturgsetzen widersprechend in den Bereich des Vor-Rationalen und Un-Vernünftigen verbannen. Da ist kein Platz für Wunder- und Geistheiler, für Unerklärliches und für Totenauferweckungen. Der Realist, der bei einem Verkehrsunfall nicht zu Tode kommt, sagt vielleicht: »Glück gehabt!«

Und es gibt Idealisten. Der Idealist macht vielleicht dieselbe Erfahrung wie der Realist, aber er deutet sie anders. Der glücklich überstandene Verkehrsunfall lässt ihn möglicherweise sagen: »Gott sei Dank!« In dieser Perspektive kann vieles als Wunder gedeutet werden:

- der erste Schrei eines Neugeborenen,
- der Blütenstand einer Sonnenblume,
- die Stimmigkeit von Momenten der Liebe,
- der Nebel des Orion am abendlichen Sternenhimmel,
- die unglaubliche Komplexität des menschlichen Gehirns …

Wunder in diesem Sinne sind Momente der Ganzheit und des beglückenden Heilseins in einer zerrissenen Welt, Bilder und Erfahrungen, die über das Alltägliche und Banale hinausweisen.

Wunder hat hier mit Staunen zu tun, mit Verdichtungen unserer Existenz; solche »Momente der Einigung mit dem Leben« (Fulbert Steffensky) wirken ihrerseits Wunder; sie tun Geist und Leib gut.

Und was hat das mit Advent und Weihnachten zu tun? Wo ist die Schnittmenge zwischen Wunder und Weihnachten? Frühere Generationen haben sich das Weihnachtswunder ganz realistisch und konkret ausgemalt. Die »Legenda aurea«, die »goldene Legende«, das vielleicht populärste religiöse Volksbuch des Mittelalters (1255 bis 1279), erzählt von Rosen, die in der Heiligen Nacht blühen, von einem Wald, der wunderbarerweise zum Lustgarten wird, von Öl, das statt Wasser in der Christnacht aus einem römischen Brunnen fließt. Solche Bilder wollen zeigen: Die Menschwerdung Gottes kann alles verwandeln, die ganze Schöpfung wird in das Weihnachtswunder hineingenommen.

Die frommen Legenden des Mittelalters sind uns fremd geworden. Kehren wir zu den Quellen zurück, zu den Weihnachtsgeschichten nach Lukas und Matthäus, so entdecken wir aber auch dort Bilder und Symbole – Bilder und Symbole freilich, die das Wunder der Menschwerdung in einem anderen Ton deuten als die Legenden des 13. Jahrhunderts; vielleicht lässt sich sagen: ernster und systematischer.

Da begegnen uns Bilder und Symbole, die der Sehnsucht nach einem neuen Anfang, nach dem Wunder gelingenden Lebens, nach Heimat und Geborgenheit im Kontext harter Fakten Ausdruck verleihen:

- Da ist das Gotteskind, das den Gottesfrieden in die zerrissene Menschenwelt trägt, Gegenentwurf zu dem brüchigen Herrschaftsfrieden des Kaisers – Es ist ein Wunder!
- Da sind die Hirten, mit denen auch unserem Leben eine neue Qualität zugesprochen wird: »Du bist nicht festgelegt auf deine Vergangenheit, auf die Verletzungen deiner Lebensgeschichte, auf die alten Muster…, die dich immer wieder am Leben hindern«.[15] Weil Gott mit dir neu beginnt, kannst auch du neu werden und neu anfangen. – Es ist ein Wunder!
- Da ist der Stern, Metapher des Lichts, das in der und in die Finsternis scheint und die Zeit neu qualifiziert. – Es ist ein Wunder!
- Da ist das Wunder der Jungfrauengeburt, auch dies ein Wunder jenseits aller biologischen Engführung.

Diese und andere Bilder der Sehnsucht setzen uns auf die Spur der Hoffnung, die unser Leben weitet, die uns der harten Realität ins Auge sehen lässt, ohne daran zerbrechen zu müssen. Denen, die meinen, sich damit abfinden zu müssen, dass das Wunder, auch das Weihnachts-Wunder, in seinem, in ihrem Leben noch auf sich warten lässt, sei zu Achtsamkeit geraten und, mit Hubertus Halbfas: zum Sehen mit dem »dritten Auge«.[16]

---

15 Anselm Grün, Weihnachten – Einen neuen Anfang feiern, Freiburg 1999 (3. Auflage), 79.

16 Hubertus Halbfas, Das dritte Auge. Religionspädagogische Anstöße, München 1982 (8. Auflage).

»In das Dunkel fällt Licht«

Von Stephan Goldschmidt

Durch die Dunkelheit sind wir hierhergekommen.
Es ist dunkel wie in jeder Nacht,
und doch ist diese Nacht nicht wie die anderen Nächte.
Diese Nacht ist eine besondere.
In dieser Nacht hat sich der Himmel geöffnet,
Gott ist Mensch geworden.
Deshalb nennen wir sie heilige Nacht.
Gott erscheint auf Erden. Ein Kind, geboren in einem Stall.
In das Dunkel fällt das Licht.
Gott ist Mensch geworden.
Das feiern wir heute.
Im Namen Gottes, in dem das Leben wohnt,
im Namen Jesu Christi, der Mensch geworden ist,
und im Namen des Heiligen Geistes,
der uns Hoffnung und Lebensfreude schenkt.

Meditation zu Psalm 96

Von Stephan Goldschmidt

Singt dem Herrn ein neues Lied,
singt ihm zur Ehre vor aller Welt!
Lobsinget seinem Namen
und freut euch an seinem Heil,
das er uns hat widerfahren lassen
und mit dem er den ganzen Erdkreis beschenkt.
Tag für Tag lasst uns seinen Namen rühmen,
denn Gott ist groß und erhaben,
voll Güte und Erbarmen.
Lasst uns zur Stätte gehen,
an der Gott wohnt
und uns versammeln
in seinen Vorhöfen.
Lasst uns ihm singen
und Dank opfern.
Singt dem Herrn ein neues Lied,
singt ihm zur Ehre vor aller Welt!

Meditation zu Psalm 98

Von Stephan Goldschmidt

Singet dem Herrn ein neues Lied, denn er tut Wunder.
Er schafft Heil mit seiner Rechten und mit seinem heiligen Arm.
Er lässt Frieden einziehen, wo Streit regiert
und Gerechtigkeit, wo Unrecht herrscht.
Gott ist treu und steht zu seiner Verheißung gegenüber seinem Volk.
Alle Welt soll das Heil sehen, das Gott tut.
Darum jauchzet dem Herren, rühmt und lobt ihn,
spielt ihm mit Harfen,
und lasst vor ihm die Posaunen erklingen.
Der Erdkreis stimme sein Lied an, ihm zum Lobe:
Das Meer und die Ströme sollen zu seiner Ehre brausen,
die Bäume und Pflanzen sich vor ihm neigen.
Denn der Herr kommt, um dem Erdkreis zu erheben
und ihn wieder aufzurichten mit Gerechtigkeit.
Singet dem Herrn ein neues Lied, denn er tut Wunder.
Er schafft Heil mit seiner Rechten und mit seinem heiligen Arm.

Stille Nacht

Von Max Koranyi

Stille Nacht, heilige Nacht!
Alles schläft, einsam wacht
Nur das traute, hochheilige Paar.
Holder Knabe im lockigen Haar,
Schlaf in himmlischer Ruh,
Schlaf in himmlischer Ruh.

Es ist eine Geschichte, die aus der Not geboren wurde. Und deshalb passt sie auch so gut zu Weihnachten. Diesem Geburtstag eines Kindes in dunkler, notvoller Nacht.

Auch das Jahr 1816 nannten sie das Jahr ohne Sommer. Ungewöhnlich kalt ist es. Selbst im Juni schneit es hinunter bis ins Flachland. In Mitteleuropa fallen die Ernten aus. Millionen leiden an Hunger. Und dann ist es noch die Zeit, in der der ganze Kontinent unter den Folgen der napoleonischen Kriege zu leiden hat. Finstere, schwere Jahre. Wie zur Zeit des Kaisers Augustus. Wo alle Welt geschätzt wurde, damit sie für ihn zahlen konnten.

Aber sind es nicht oft gerade die dunklen Stunden, die die Sehnsucht nach Licht und Besserung besonders stark aufleuchten lassen? Und sind es nicht gerade die Armen, diese Marias und Josefs der Welt, die dazu besonders prädestiniert sind?

In der Kärglichkeit des Dorfes Mariapfarr, südlich von Salzburg, schreibt im Dezember desselben Jahres der Hilfspriester Joseph Mohr, 23 Jahre alt, unehelicher Sohn eines Soldaten und einer Strickerin, getrieben eben von jener unstillbaren Sehnsucht nach Segen, ein Gedicht. Er nennt es »Stille Nacht, heilige Nacht«. Dann legt er es in die Schublade des Schreibtisches, der als einziges Möbelstück neben dem Bett in seiner Stube steht. Anschließend geht er ins Wirtshaus und macht sich damit, wie so oft, bei seinem vorgesetzten Pfarrer unbeliebt. Der es missbilligt, dass Mohr ständig die Nähe der einfachen Leute sucht, Gitarre spielt und dazu deutsche Volksweisen singt, statt die lateinischen Messliturgien zu studieren.

Stille Nacht, heilige Nacht!
Gottes Sohn! O wie lacht
Lieb aus deinem göttlichen Mund.
Da uns schlägt die rettende Stund.'
Christ, in deiner Geburt,
Christ, in deiner Geburt.

Joseph Mohr wird zwangsversetzt. Später übrigens noch weitere sieben Mal. Ein gescheiterter Geistlicher. Die einzige Konstante in seinem rastlosen Leben blieb das angeborene, schwere Lungenleiden. Im Jahr der Märzrevolution 1848 stirbt er. Unbekannt. Aber da sind wir jetzt noch nicht. Gott sei Dank. Denn eine Sternstunde der Menschheit steht bevor. Als Folge des Sterns über dem Stall von Bethlehem.

In Oberndorf, dem nächsten Versetzungsort, siebzehn Kilometer nördlich von Salzburg, begegnen sich zwei Menschen, die Weltgeschichte schreiben werden. Ausgerechnet am Heiligabend des Jahres 1818 versagt die Orgel der Pfarrkirche

Sankt Nikolaus ihren Dienst. Es klingt banal, aber die Geburtsstunde des berühmtesten Liedes der Welt ist auf einen kaputten Blasebalg zurückzuführen. Zweieinhalb Milliarden Menschen werden in späteren Zeiten in aller Welt das singen, was jetzt entsteht. Dabei gibt es nur zwei Milliarden Christen in der Welt. Das aber versteht man erst, wenn man alle sechs Strophen des Liedes kennt: Die zutiefst menschlichste aller Sehnsüchte nach Frieden und Glück.

Stille Nacht, heilige Nacht!
Die der Welt Heil gebracht,
Aus des Himmels goldenen Höh'n
Uns der Gnade Fülle lässt seh'n
Jesus in Menschengestalt!
Jesus in Menschengestalt!

Schon vor über hundert Jahren wurde diese Strophe unterschlagen. Mit der Begründung, das wäre doch alles für die einfachen Leute theologisch viel zu kompliziert. Aber das stimmt so nicht. Im ganzen Liedtext kommen keine spezifisch religiösen Elemente vor. Und die für einen Katholiken wichtige Marienverehrung fehlt ganz. Die Verse-Streicher ahnten wohl eher, dass sich hier ein Aufstand anbahnte, der weit über Napoleon, Freiheitskriege und Revolutionen hinausging: Gott verlässt seine goldenen Höhen, um unter uns im Krippenstall Mensch zu werden. Das roch nach Freiheit und Gleichheit für alle Geschöpfe. Und musste deshalb gestrichen werden.

Zurück aber zur kaputten Orgel. Eines war für Joseph Mohr völlig klar bei all seiner Eigenart und Unzuverlässigkeit – am wichtigsten Kirch-Tag im ganzen Jahr sollte es für seine Gemeinde keine Musik geben? Keine hoffnungsfrohe Erbauung in bitterer, schwerer Zeit für ausgelaugte, überarbeitete, hungernde Menschen? Da erinnert er sich. An seine Verse von vor zwei Jahren. »Stille, Nacht, heilige Nacht«.

Könnte daraus nicht ein Lied zumindest mit Gitarrenbegleitung entstehen? Mit diesen Gedanken im Kopf und dem Papier in der Hand eilt er zum Haus des Organisten von Oberndorf, Franz Xaver Gruber. Ein begabter Musiker. Bevor dieser 1863 stirbt, bekommt er in Ansätzen noch mit, was für Auswirkungen die Zusammenarbeit der beiden für die Welt haben wird. Auch wenn er später noch 70 Kompositionen, Messen, Choräle und Kantaten schreibt, sein Meisterwerk bleibt die Vertonung von »Stille Nacht«.

Von ihm selber wissen wir, wie alles tatsächlich war, denn 1854 hat er auf Bitten des preußischen Königs Friedrich Wilhelm IV., der das Lied besonders liebte, die Entstehungsgeschichte aufgeschrieben: »Authentische Veranlassung zur Composition des Weihnachtsliedes, ›Stille Nacht, Heilige Nacht‹.«

Stille Nacht, heilige Nacht!
Wo sich heut alle Macht
Väterlicher Liebe ergoss
Und als Bruder huldvoll umschloss
Jesus die Völker der Welt!
Jesus die Völker der Welt!

Joseph Mohr und Franz Xaver Gruber sahen sie jetzt vor sich: die Glieder ihrer Gemeinde, Arbeiter, Bauern, Schiffer, armselig gekleidet, sehnsüchtig hoffend auf ein anderes Leben; so verbunden mit allen leidenden Geschwistern auf Erden. Etwas wie eine Vorahnung auf die »Internationale«.

Verständlich, dass deshalb auch sehr rasch die vierte Strophe gestrichen wurde. Vertrug sich doch das Bild von Jesus als dem Bruder aller Menschen und Völker schon mal gar nicht mit Preußens Herrschaftsansprüchen und den imperialen Großmachtträumen des späteren Deutschen Reiches.

Zensur eines Textes, die heute noch wirkt. 1900, während industrieller schwerer Umwälzungen, ließ diese Missachtung der wahren Lebenssituation dem Dichter Boleslaw Strzelewicz so lange keine Ruhe, bis er die »Stille Nacht der Arbeiter und Arbeiterinnen« verfasst hatte. Darin heißt es u. a.:

»Stille Nacht, traurige Nacht, rings umher Lichterpracht! In der Hütte nur Elend und Not, kalt und öde, kein Licht und kein Brot, schläft die Armut auf Stroh, Schläft die Armut auf Stroh. / Stille Nacht, traurige Nacht, hast du Brot mitgebracht?, fragen hungrige Kinderlein. Seufzend spricht der Vater: Nein. Bin noch arbeitslos. Bin noch arbeitslos.« Diese Molltöne des Lebens gab es auch bei den Christmettbesuchern 1818 zuhauf. Die Bäcker mussten das Brot mit Sägemehl strecken. Säuglinge starben reihenweise. Nein, Mohr und Gruber riefen nicht zu sozialen Umsturz auf. Aber sie beriefen sich auf den großen Abstieg des Herrn aller Herren zu den Kleinen im Stall. Erfolg war noch nie ein Name Gottes, wohl aber Gnade, Liebe, und Trost.

Die Melodie musste deshalb in Dur sein. Mohr singt die Tenorstimme, Gruber den Bass. Begleitet nur durch Mohrs Gitarrenspiel.

Stille Nacht, heilige Nacht!
Lange schon uns bedacht,
als der Herr vom Grimme befreit,
in der Väter urgrauer Zeit
aller Welt Schonung verhieß
aller Welt Schonung verhieß.

Schonung, statt Grimm, das sollten die Christmettbesucher erfahren. Schon bei den ersten Akkorden ist die Gemeinde beseelt. Neben Bauern und Arbeitern sind es vor allem Salzach-Schiffer, verarmtes Volk. Bei der Schlusszeile stimmen alle mit ein: »Jesus, der Retter, ist da.« Auch für sie.

Auch für uns. Und dann? Dann gerät das Lied zunächst in Vergessenheit. Erst 1832 führt es der Orgelbauer Mauracher in Leipzig im Rahmen eines Tiroler Liederabends wieder auf. Dann war der Siegeszug nicht mehr zu stoppen. Die Sängerfamilie Strasser bringt es auf Jahrmärkte in Österreich, Schweiz und Deutschland. Auswanderer in die USA nehmen es in die Neue Welt mit, wo es 1839 zum ersten Mal in der New Yorker Trinity Church erklingt. Heute ist es in 350 Sprachen und Dialekte übersetzt. Sechs Strophen für die Ewigkeit, sechs Strophen über Jesu Kommen für alle – und für die Armen im Stall an vorderster Front. Keine Komposition von Bach oder Beethoven kennen so viele Menschen, keine von Mozart, keine von den Rolling Stones, Michael Jackson oder Robbie Williams.

Stille Nacht, heilige Nacht!
Hirten erst kundgemacht,
Durch der Engel Halleluja
Tönt es laut von fern und nah:
Christ, der Retter ist da,
Christ, der Retter ist da!

Im Original stand noch: Jesus, der Retter ist da. Der Mensch Jesus an der Seite derjenigen, die ihn zuerst zu sehen bekamen: Hirten – und mit ihnen die Schiffer, die Bauern, die Arbeiter, die Obdachlosen.

Stille Nacht, heilige Nacht, das spürten sie damals vor fast 200 Jahren in Oberndorf als Erste: Jesus, der Retter, ist da.

Denn die Armen haben einen besonderen Riecher dafür. Der arme Hilfsgeistliche, der gebeugte Stallbesucher, der sehnsuchtsvolle Mensch in aller Welt. Schließen wir uns selber nur ja nicht davon aus. Denn wer von uns wäre in dieser stillen Nacht nicht ebenso bedürftig nach »Liebe aus göttlichem Mund«, nach dem staunenden Sehen der »Gnaden Fülle« – vor allem anderen aber nach dem »Retter« der ganzen Welt, der wirklich und wahrhaftig »da ist«?

Immer Weihnachten

Von Harald Apel

Erst als es richtig dunkel ist, gehen sie los. Ihre Taschenlampen haben neue Batterien. Ihre Eltern glauben, sie seien bei einer Veranstaltung in der Schule. Entschlossen gehen Conny Wumpel, Fredi Zeschke und Piet Hammerlich in Richtung Stadtausgang. Vorbei an den bekannten Häusern, die jetzt noch ganz dicht beieinander stehen und meist große Schaufenster haben. Nach einer Weile kommen die Häuser mit mehr Platz und kleineren Fenstern. Sie haben Gärten, einen kleinen vorn und einen großen hinten. Aus der Stadt heraus wird der Abstand der Häuser immer größer, auch der Abstand der Straßenlaternen. Irgendwann verliert sich die Stadt im Wald. Vorher jedoch kommt ihr letztes Haus. Es ist ein kleines altes Haus. Bis vor drei Wochen winkte hier die Stadt mit kleinen Lichtern in den Wald. Der Abschied von der Stadt und der Beginn des Waldes waren mit dem bewohnten Haus nicht so trostlos. Ab jetzt blieb es auch hier abends finster. Kein Licht mehr in den Fenstern und nur manchmal winkt tagsüber mit dem Wind eine graue Gardine durch eine zerbrochene Fensterscheibe.

Die Schritte der drei Jungen sind jetzt leiser und sanfter, dann kann man sie kaum noch hören. Wie Katzen umschleichen die Jungen das verlassene Haus. Vorsicht und Angst lassen sie stiller sein als sonst. Sie wünschen sich insgeheim, dass es wenigstens hell wäre oder ein Älterer mit dabei. Doch sie haben es sich alles genau überlegt, helles Licht und eingeweihte Eltern würden die ganze Sache, ihre Sache unmöglich machen. Also nehmen sie die Dunkelheit, die Ausrede und auch das, was damit zusammenhängt, in Kauf. Sie haben es versprochen, und sie werden es auch halten. Dieser Entschluss ist stärker als ihre Angst.

Und ihre Vorsicht hat einen guten Grund. Trotz der Gefahr sind sie auch stolz, weil sie wissen, hier können nur sie etwas tun, was wichtig, was gut und zugleich hilfreich ist. Jetzt betasten zwei Lichtkegel wie Pfoten Fenster und Türen des alten Gemäuers. Noch wissen die Freunde nicht, wo sie in das dunkle Haus unauffällig einsteigen können. Zwar hatten sie zuvor dieses Haus oft betreten. Aber zu jener Zeit war es hell und nicht so unendlich verlassen und einsam.

Da wohnte hier noch ein alter Mann mit weißem Bart und schlurfte durch seine Zimmer. Jetzt aber, ohne Bewohner, stand das Haus leer und unheimlich da. Es war ein Haus ohne Hüter, ohne Leben, ein Ort, der nicht mehr in die Stadt und noch nicht in den Wald gehörte. Jenen alten Bewohner des Hauses hatte wohl kaum jemand aus der Stadt richtig gekannt. Jedenfalls konnte sich keiner der Jungs erinnern, hier jemals anderen Besuch gesehen zu haben. So viel sie wussten, waren sie die einzigen Gäste des alten Mannes. Jener Mann mit dem weißen Bart war auf sonderbare Weise bekannt und unbekannt zugleich. Obwohl jeder in der Stadt die Eigenart des wunderlichen Alten kannte, so kannte ihn doch keiner über seine Wunderlichkeit hinaus. Die Leute hatten ihn belächelt, den Kopf geschüttelt und dann hatten sie es einfach hingenommen, dass jener verwirrte Opa sommers wie winters Weihnachtssterne, Tannenzweige und Schneewatte in seine Fenster stellte, dass er scheinbar immer Weihnachten feierte. Spöttisch nannten ihn einige den Ganzjahresweihnachtsmann.

Andere erzählten, sie hätten ihn in milden Sommernächten in seiner Stube um einen Weihnachtsbaum gehen sehen. Alle, die hier öfter vorübergingen, hatten mehr als einmal aus dem Haus Weihnachtslieder zu den ungewöhnlichsten Tages- und Jahreszeiten gehört. Jedenfalls glaubten die Leute der kleinen Stadt, mit diesen wunderlichen Geschichten alles oder wenigstens genug von jenem alten Mann erfahren zu haben. Aber vielleicht wäre er ihnen ein Stück näher ans Herz gerückt, wenn sie ein bisschen mehr über ihn gewusst hätten, so wie Conny, Fredi und Piet.

Angestrengt suchen die drei jetzt nach einem Einstieg ins Haus. Inzwischen haben sie im Lichtkegel eine nur angelehnte Kellertür entdeckt. Doch wartet jeder der Jungen, dass ein anderer sagt: »Also ich geh jetzt rein!«, und er dann bloß hinterhergehen braucht. Aber dann stößt Piet die Tür mit dem Fuß ganz auf. Er und Fredi gehen gleichzeitig hindurch. Conny bleibt ihnen ganz dicht auf den Fersen.

Jetzt bloß nicht die anderen verlieren. So denken sie alle. Und wenn einer vorschlagen würde, sich gegenseitig anzufassen, es würde wohl kaum ein Widerspruch kommen. Aber zu der einen Angst kommt oft eine zweite hinzu – und für Jungs ist die dann die größere, nämlich die Angst, sich mit seiner Angst lächerlich zu machen.

Kennengelernt hatten Conny, Fredi und Piet den wunderlichen alten Mann, als sie einmal aus dem Wald vom Höhlenbau nach Hause gegangen waren. Conny, der immer eine freche Lippe riskierte, hatte dem alten Mann, der eigentlich Gerd Milbrat hieß, »Frohe Weihnacht!« zugerufen und das, obwohl es erst Anfang September war. Der hatte versonnen und mehr zu sich selbst geantwortet: »Nein, nicht nur frohe, sondern auch traurige Weihnacht!« Für einen, der es das ganze Jahr Weihnachten sein ließ, war das doch eine sehr merkwürdige Antwort. Es war Piet Hammerlich, der sofort gefragt hatte: »Wieso auch ›traurige‹ Weihnacht, wenn bei Ihnen doch das ganze Jahr Weihnachten ist?«

Da hatte der Alte die Jungen herangewinkt. Und wenig später saßen sie im letzten Haus der Stadt und hörten die folgende Geschichte: Es war vor dreieinhalb Jahren. Die Frau des Herrn Milbrat war damals sehr krank und die Ärzte hatten ihr nur noch wenig Zeit zum Leben gegeben. Aber immer wieder hatte sie ihm versichert: »Bis Weihnachten bleibe ich bei dir.« Und dann zu Weihnachten, als der Baum geschmückt war und die Weihnachtslieder aus dem Radio zu hören waren und ein ganz stiller Friede in dem alten Haus war, da hatte sie gesagt: »Jetzt ist es Weihnachten und ich kann gehen. Gott ist auf die Erde gekommen, und ich gehe zu Gott! Fürchte dich nicht!« Genau in der Heiligen Nacht war sie gestorben. Sie hatte bis dahin ausgehalten, weil sie von ihrem Mann friedlich und nicht ohne Hoffnung Abschied nehmen wollte. Trotzdem wurde Herr Milbrat immer wieder von seiner Traurigkeit eingeholt. »Wenn man das ganze Leben zusammen gewesen ist, dann ist das Zurückbleiben und das Alleinsein besonders schmerzlich«, hatte er den Jungen erklärt und weitererzählt.

»Ja und dann kam das erste Frühjahr danach. Immer wieder habe ich gedacht, gleich muss sie doch vom Garten wieder hereinkommen, so wie all die Frühjahre zuvor. Aber sie kam nicht mehr. Sie war ja für immer gegangen. Damals habe ich in meiner Traurigkeit diesen Weg gefunden. Ich habe meine liebe Hilde mit Weihnachten wieder in meine Nähe geholt. Alles habe ich wie am letzten Abend gemacht. Ja, ich habe den Heiligen Abend einfach wiederholt, um das Tröstliche ihrer

Worte wieder zu hören. So deutlich, als wäre sie noch da, habe ich sie gehört. Sie hat gesagt: »Fürchte dich nicht!« Und ihr werdet es nicht glauben. Ja, es hat geholfen. Es hat geholfen, im Frühling und später im Sommer und dann auch im Herbst.«

Als ob man einen Vorhang beiseiteschob, konnten die Jungen plötzlich das so Unverständliche begreifen. Conny war in diesem Augenblick ganz rot geworden und hatte gestottert: »Entschuldigung wegen des ›Frohe Weihnachten‹ vorhin.« »Ist schon gut, Junge«, hatte Herr Milbrat erwidert. »Du konntest es ja nicht ahnen und für mich war es gut, dass ich mich endlich mal erklären konnte. In meinem Alter, müsst ihr wissen, passiert es schnell mal, dass einen die Leute für verrückt erklären.« Nachdem er das so offen gesagt hatte, versuchten die Jungen seinen Augen auszuweichen. Genau das hatten sie gedacht. Dabei war Herr Milbrat nur richtig, richtig traurig.

»Wir können ja öfter einmal vorbeikommen«, hatte Piet darauf vorgeschlagen, und Herr Milbrat hatte geantwortet: »Das wäre mir sehr recht!«

Von da an waren die Jungen oft im letzten Haus der Stadt zu Gast. Seit dieser Zeit waren Weihnachtslieder weniger häufig zu hören und der erleuchtete Weihnachtsbaum wurde kaum noch gesehen. Aber dann an einem Nachmittag war Conny Wumpel aufgeregt zu den anderen gelaufen und hatte gerufen: »Er ist weg! Das Haus steht leer!« Sofort waren alle drei damals zu seinem Haus gerannt und hatten erschrocken festgestellt, dass das Haus wohl für längere Zeit verlassen wurde. Die Rollläden waren heruntergelassen. Die Gartenpforte, die immer aufstand für die Jungs, auch wenn Herr Milbrat mal unterwegs war, war abgeschlossen. Natürlich hatten die drei überall herumgefragt. Piets Eltern hatten die Vermutung geäußert, dass der Alte möglicherweise in ein Heim eingewiesen worden sei. Denn schließlich, so meinten sie, wäre es in dem

Alter und so allein nicht leicht, ein Haus, einen Garten und sich selber in Ordnung zu halten. Letztlich hatte Piet beim Arzt nachgefragt, und der hatte genau das bestätigt, was seine Eltern vermutet hatten. Das Weitere war dann nicht mehr besonders schwer. Im Gemeindeamt hatten sie unter dem Vorwand, dass sie Herrn Milbrat etwas zurückgeben müssten, den Namen des Pflegeheimes erfahren, in dem er jetzt lebte.

So hatten sie sich an einem Nachmittag aufgemacht und ihren alten Freund besucht. Natürlich gab es ein großes Wiedersehen mit Umarmungen und alten Geschichten. Doch als die Jungs sich anschickten, wieder nach Hause zu fahren, hatte der alte Mann geseufzt: »Schade, hier ist nur einmal im Jahr Weihnachten. Am Tag, als ich mein Haus verließ, konnte ich auf die Schnelle kaum etwas von meinen Weihnachtssachen mitnehmen. Und ihr wisst ja, wie sehr ich sie manchmal brauche.«
Die Jungen hatten verstanden und wussten sofort, was sie zu tun hatten. Piet Hammerlich hatte geistesgegenwärtig nach dem Haustürschlüssel gefragt. Als Herr Milbrat antwortete, der liege schon beim Makler, weil das Haus doch verkauft werden sollte, hatten sie zuerst die Stirn kraus gezogen. Aber dann sahen sie sich verständnisvoll an, denn sie hatten alle denselben Gedanken. Gewiss, es war eine nicht ganz ungefährliche und vielleicht sogar verbotene Sache, aber das wollten sie für Herrn Milbrat tun und zwar so schnell wie möglich.

Inzwischen sind die Jungs mit ihren Taschenlampen im Wohnzimmer angekommen. Ein bisschen ist es wie eine Rückkehr. Ihnen ist recht traurig zumute. »Wir sollten hier oben die Taschenlampen ausmachen. Man könnte uns von draußen sehen«, sagt Conny Wumpel und dann setzen sie sich so, wie sie damals bei ihrer ersten Begegnung mit Herrn Milbrat gesessen hatten. Obwohl es ganz still ist, hören sie ihn von seiner Frau und Weihnachten erzählen. Als könne er die Gedanken der anderen hören, steht Fredi leise auf, geht zu dem alten Plattenspieler und legt die bereitstehende Weihnachtsplatte auf. Erst als das letzte Lied verklungen ist, stehen die Jungs auf und packen die Platten, den Plattenspieler, einen künstlichen Weihnachtsbaum und die Weihnachtskugeln in den mitgebrachten Koffer.

Am nächsten Samstag ist Weihnachten nicht mehr weit, denn Conny Wumpel, Fredi Zeschke und Piet Hammerlich reisen mit einem ziemlich großen Koffer in die Kreisstadt, wo sie im Altersheim schon sehnsüchtig erwartet werden.

Aus: Harald Apel, Erzähl, dass ich es glauben kann,

Mit anderen Augen – eine tierische Weihnachtsgeschichte

Von Charlotte Scheller*

Zum Vorlesen für Kinder ab dem Grundschulalter und Erwachsene (in beiden Zielgruppen erprobt), Vorlesedauer ca. 20 Minuten

Da war ich also in dem Stall. Es war warm und roch süß nach Milch und Heu. Ich wurde müde. Aber ich konnte mich nicht schlafen legen. Im Stall war eine Katze. Ich mag Katzen! Wenn eine um die Ecke kommt, bunt, schwarz oder getigert, kann kein Hirte mich halten. Ich muss hinterher. Die Katze muss weg. Auf den nächsten Baum. Oder meinetwegen in ein Brunnenloch.

In dem Stall war es anders. Ein neugeborenes Menschenkind lag da im Futtertrog und schaute mich an. Ich wollte mich umdrehen, die Katze anspringen, aber es ging nicht. Die Kinderaugen machten, dass mein Hinterteil am Boden klebte. Mir wurde klar: Der Kleine in dem Futtertrog ist ein großer Hirte. Ein Bestimmer. Ich werde ihm gehorchen. Leg dich hin, sagten seine Augen zu mir. Die Katze streckte sich auf einem Stoffhaufen aus. »Komm her«, miaute sie. »Auf dem Mantel ist noch Platz.« Unglaublich: Ich, wolfsgefährlicher Hütehund, Trost der Lämmer, Schrecken aller Katzen, lege mich neben eine grau gestreifte Mäusejägerin! »Ich heiße Lou«, schnurrt sie. »Struppi«, brumme ich. So wurden wir Freunde.

Einmal, als ich wieder durch die Stalltür schlüpfen wollte, sprang Lou hinter einem Busch hervor. Sie landete in meinem Nacken und hielt sich mit den Krallen in meinem Fell fest. »Achtung«, fauchte sie mir ins Ohr. »Hoher Besuch. Du kannst jetzt nicht in den Stall.« Auf leisen Pfoten schlichen wir an die Tür und spähten hinein. Lous Schwanz zuckte. Das Menschenkind schlief. Die Mutter saß aufrecht auf ihrem Strohlager. Der Vater stand mitten im Stall. »Wir danken euch«, sagte er und kratzte sich am Bart. Sicher hatte er Läuse wie unsere Hirten. »Wir danken euch sehr!«

Mit wem redete der Zweibeiner-Vater? Es roch anders als sonst im Stall. Nach schweren Kleidern, wie Kaufleute sie tragen. Nach Kamelschweiß, Sattelfett und Wüstensand. Drei Männer waren da. »Die kommen von weit her«, flüsterte ich. Groß wie Zedernbäume wären die Turbanträger gewesen, wenn sie nicht auf dem Boden gekniet hätten. Niederknien, das bedeutet bei Menschen: Ich ergebe mich. Die Besucher gehorchten dem Kind. Der vorderste krabbelte wieder auf die Füße. Er gab dem Kindsvater ein kleines Säckchen. Ich konnte riechen, was darin war. Ein gelbes Harz. Es wird auf dem Markt verkauft. Weihrauch. Wenn man es anzündet, qualmt es. Der Rauch vertreibt die schlechte Luft. Er schützt vor Krankheiten, vor bösen Gedanken und tollwütigen Fledermäusen.

Der Vater nahm das Weihrauchsäckchen. Dann trat der nächste vor. Er hatte einen kleinen Tontopf. Ich schnupperte: Myrrhensalbe. Wird von unseren Hirten benutzt. Hilft gegen Flöhe und macht das Fell der Schafe glänzend. Auch der dritte Herr hatte ein Geschenk für das Kind. Es roch nicht. Aber es glitzerte im Schein der kleinen Öllampe. Münzen.

Die Hirten bekommen manchmal welche, wenn sie ein Schaffell verkaufen oder einen Berg Wolle. Kleine runde harte Dinger. Die schmecken nach nichts und machen die Zweibeiner richtig froh. »Gold!«, rief der Vater des Kindes. »Wie gütig von euch!« Die drei verbeugten sich vor dem Kind. Ihre Turbane berührten fast die Späne auf dem Boden. Dann gingen sie rückwärts zur Tür. Auf Zweibeinisch heißt das: Du bist unser König. Niemals würden wir dir den Rücken zeigen. Wir sind deine Diener.

Lou und ich hatten uns hinter eine Mauer verzogen, als die Männer aus dem Stall kamen. »Es wird bald dunkel«, sagte der, der das Gold gegeben hatte. Kaspar nannten sie ihn. »Zu dumm«, sagte der mit dem Weihrauch, Melchior, »heute schaffen wir es nicht mehr nach Jerusalem. Wir müssen doch zu König Herodes und ihm sagen, wo er den neugeborenen König finden kann. Er will ihn auch anbeten.« – »Morgen ist auch noch ein Tag«, sagte Balthasar, der Myrrhen-Mensch. »Lasst uns hier übernachten, in Bethlehem.« Als Melchior »Herodes« sagte, hatte ich leise geknurrt. Meine Freundin Lou zischte und ließ ihre Krallen sehen. »Du verrätst uns!« – »Hast du nicht gehört? Die wollen zu Herodes!« – »Na und?« Lou streckte sich und gähnte. »Was dagegen?« – »Herodes ist doch der König in Jerusalem. Meine Hirten sind wütend auf ihn. Er hat seine Soldaten nach Bethlehem geschickt. Er könnte dem Kind in der Krippe was tun, sagen die Hirten. Weil es ein König ist, hat er Angst um seinen Thron. Er will selber König bleiben. Für immer und ewig.« – »Mist!«, fauchte die Katze. »Die Drei sind schon losgegangen. Sie werden das Königskind verraten.« – »Hinterher!« Ich sprang auf. Eine Verfolgungsjagd, das würde ein Spaß!

Später hockten wir im Gastzimmer vor dem Kamin. Zwischen den Rucksäcken der drei Herren. Die waren ins Wirtshaus gegangen. Morgen wollten sie zu Herodes. Was tun, um sie aufzuhalten? »Wir klauen ihre Münzen«, schlug ich vor. »Dann haben sie kein Geld mehr und müssen geradewegs nach Hause reiten.« – »Wir zerkratzen ihre Gesichter.« Lou hieb mit der Tatze in die Luft. »Dann können sie nichts sehen und finden nicht nach Jerusalem.« – »Wir zerkauen ihre Sandalen und zerreißen ihre Kleider.« Ich schmatzte. »Dann lässt man sie nicht rein in den goldenen Thronsaal.« Wir schmiedeten Pläne, bis das Feuer abgebrannt war. Dann stupste ich Lou an. »Du sagst ja gar nichts mehr!« Die Katze schnarchte leise, das Näschen auf der Schwanzspitze. Ich rollte mich ebenfalls zusammen. Lous Fell wärmte meinen Rücken.

Ein Knarren weckte mich. Ich sah mich um. Die Männer lagen auf ihren Matten, ohne Turbane, und atmeten ruhig. Ha-püh, atmete Kaspar. Pitsch-hih, pustete Melchior. Pfftipuh, schnaufte Balthasar. Es knarrte wieder. Die Tür ging einen Spaltbreit auf. Ein Wesen trat ein. Wie ein Mensch, nur ohne Geruch. Durchsichtig und hell. Wie das Licht, das mittags über die Berge kam. Oder das Leuchten, das in der Heiligen Nacht am Himmel war. Mit der Schnauze schubste ich Lou, aber sie war schon wach. Wir hielten den Atem an. Der Engel ging zu dem Bett. Er streckte die Hand aus und berührte die Männer an der Schulter. Sie fuhren hoch. Blinzelten erschrocken durch die Hände vor ihren Augen. »Fürchtet euch nicht«, sagte der Engel. »Ihr habt den neugeborenen König gesehen. Geht nicht wieder in das Schloss von Herodes.«

Ich knurrte. Lou schlug mir mit der Tatze aufs Maul. Der Engel hob eine Augenbraue. »Geht nicht mehr zu Herodes«, sagte er noch mal. »Geht zurück in eure Heimat. Auf dem kürzesten Weg. Zu Hause erzählt allen: Ein neuer König ist geboren. Jesus, der Herr für uns alle!« Dann war er verschwunden.

Die drei Königskind-Besucher plumpsten zurück auf ihre Matten und schliefen weiter. Lou und ich schlichen hinaus. Als die Sonne aufging, sahen wir die Männer wieder. Am Brunnen, mit ihren Kamelen. »Es war ein Traum«, sagte Melchior. »Es war ein Engel«, sagte Balthasar. »Es war ein Engel im Traum«, sagte Kaspar. »Was er gesagt hat, wird getan. Schluss, basta, aus!« Sie gaben ihren Tieren zu trinken. Diesen eingebildeten Grasfressern. Die sprachen natürlich kein Wort mit uns. Kamele reden nur mit ihresgleichen.

»Dem Höchsten sei Dank«, sagte das eine und glotzte in Richtung Osten, einen Mäusesprung über mich und Lou hinweg. »Nun geht es nach Hause!« – »Genau. Ohne Umwege«„ murmelte das zweite Höckertier, das Maul voller Olivenblätter. Das dritte klapperte mit den Augenlidern. »Noch einen Tag im Hof des Palastes hätte ich nicht überstanden.«

Wir sahen den Dreien nach, wie sie auf ihren Kamelen davonschaukelten. Dann rannten wir zum Stall. »Wo ist Maria?«, kläffte ich. »Und Josef?«, maunzte Lou. »Wo ist das Kind?« Der Ochse hob seinen Kopf aus dem Futtertrog. »Heute Morgen abgereist«, sagte er. »Richtung Ägypten. Der Esel ist mitgegangen.« Ich war ein kleines bisschen traurig. Eins meiner Schnurrhaare hing herunter. Aber die anderen standen fröhlich ab. Denn ich war auch glücklich. Ich hatte den neugeborenen König gesehen. Jesus, den Herrn. Und ich hatte eine Freundin gewonnen. »Los«, bellte ich, »lass uns Fangen spielen!«

Das Krippenspiel

Von Stephan Goldschmidt

Anna hatte dem Heiligen Abend schon seit Tagen entgegengefiebert. Als neulich in der Schule die Lehrerin alle in der Klasse gefragt hatte, worauf sie sich an Weihnachten freuen, hatte sie nach einigem Nachdenken geantwortet: »Ich freue mich auf das Krippenspiel, auf das Singen der Weihnachtslieder, auf den erleuchteten Weihnachtsbaum und natürlich auch auf die Bescherung.« All das zusammen war für Anna Weihnachten. Sie konnte sich an keinen Heiligen Abend erinnern, der nicht mit dem Besuch des Krippenspiels begonnen hatte. Zweimal hatte sie sogar bei einem Krippenspiel mitgespielt.

Endlich war der 24. Dezember gekommen. Mit Papa und ihrem Bruder Christian hatte Anna am Morgen den Weihnachtsbaum geschmückt. Sie hatte rote Äpfel und Strohsterne an die Zweige gehängt. Christian hatte die Bienenwachskerzen auf die Kerzenhalter gesteckt und mit Papa zusammen an den Zweigen befestigt. Und dann hatten die Kinder die Krippe aufgebaut mit den Figuren von Maria und Josef und dem Kind, den Hirten mit ihren Schafen und den Königen. Am Ende hatten sie schließlich die Geschenke unter den Baum gelegt.

Anna hatte dabei einige Geschenke gesehen, auf denen ihr Name stand. Sie ahnte schon, was in dem großen Karton sein würde. Aber bei anderen Geschenken, vor allem bei einem kleinen, das sich ganz weich anfühlte, wusste sie auch nach langem Überlegen nicht, was darin sein könnte. Sie hob es auf und hielt es lange in den Händen. Könnte sie nicht dieses kleine Geschenk schon jetzt öffnen? »Bitte, bitte, darf ich nicht wenigstens ein Geschenk aufmachen?«, fragte sie ihre Eltern. Doch die sagten: »Jetzt noch nicht, Anna. Warte noch bis nach dem Krippenspiel. Es dauert doch nicht mehr lange.«

Doch für Anna wollte die Zeit bis zum Abend einfach nicht vergehen. Sie spielte mit den Krippenfiguren, stellte die drei Könige auf das Fensterbrett. Die hatten ja noch einen weiten Weg bis zur Krippe. Auch die Hirten und die Schafe gruppierte sie neu. Dazwischen fragte sie immer wieder: »Wie lange dauert es noch?« Die Erwartung auf den Abend ließ sie nicht zur Ruhe kommen. Immer wieder ging sie zum Weihnachtsbaum und sah nach ihren Geschenken. Die Zeit schien kaum zu vergehen und je länger Anna wartete, desto mehr fieberte sie dem Abend entgegen.

Schließlich setzte sich Mama zu ihr auf das Sofa und legte ihr den Arm um die Schulter. »Du bist aber heiß«, sagte sie und legte ihr die Hand auf die Stirn. »Du fieberst ja richtig.« Und tatsächlich, Anna hatte Fieber. Vielleicht war die Erwartung so groß gewesen, dass sie davon am Ende Fieber bekommen hatte. Sie musste sich hinlegen und Mama deckte sie gut zu. Was sollte nun aus dem Heiligen Abend werden? In die Kirche würde Anna heute wohl nicht mehr gehen können. Sollte der Weihnachtsabend ohne ein Krippenspiel beginnen?

Traurig lag Anna auf dem Sofa, die erste Träne rann über ihr Gesicht. Sie hatte sich doch so auf den Abend gefreut, auf den Weg zur Kirche mit Mama, Papa und ihrem Bruder. Sie wollte das Krippenspiel sehen und die wunderbare Stimmung in der Kirche miterleben. Aber es ging nicht. Anna musste diesmal zu Hause bleiben. »Ihr geht heute ohne uns in die Kirche«, entschied Mama. »Ich bleibe mit Anna hier.«

Der Heilige Abend begann in diesem Jahr für Anna anders als sonst. Ohne Gottesdienst. Mit ihrer Mama wartete sie und wartete. Draußen war es längst dunkel geworden. So lang wie in diesem Jahr war Anna das Warten auf den Weihnachtsabend noch nie vorgekommen. Immer wieder nahm sie das kleine, geheimnisvolle Geschenk in die Hände, das sich so weich anfühlte.

Endlich kamen Papa und Christian aus der Kirche zurück. Sie wollten von dem Krippenspiel erzählen, das sie gesehen hatten. Aber Anna mochte nicht zuhören. Die Kerzen am Weihnachtsbaum sollten angezündet werden. Der Heilige Abend sollte beginnen.

Nachdem die Kerzen brannten, sagte Papa: »Lasst uns erst mal die Weihnachtsgeschichte lesen und ein paar Weihnachtslieder singen, bevor wir die ersten Geschenke öffnen.« Aber Anna quengelte: »Darf ich nicht wenigstens das kleine Geschenk aufmachen?« »Na gut«, sagte Mama, »aber nur das eine Geschenk.« Anna strahlte. Sie nahm sich das kleine, weiche Geschenk, auf dem ihr Name stand, und öffnete es. Es war das kleine Schäfchen, das sie vor einigen Wochen in der Stadt gesehen hatte und unbedingt haben wollte. Voll Freude nahm sie es in die Hand und drückte es an sich.

Dann las Papa die Weihnachtsgeschichte aus der Bibel vor: »Es begab sich aber zu der Zeit, dass ein Gebot von dem Kaiser Augustus ausging, dass alle Welt geschätzt würde.« Anna hörte die vertrauten Worte. Als Papa zu Maria und Josef kam, die sich nach Bethlehem aufmachten, hatte sie eine Idee: »Wir spielen das Krippenspiel mit unseren Krippenfiguren!«

Sofort waren alle Feuer und Flamme: »Wir spielen unser eigenes Krippenspiel hier im Wohnzimmer!« Der Stall und die Krippe wurden auf eine Seite des Teppichs gestellt. Und als Maria und Josef zusammen mit einem Esel auf der anderen Seite bereitstanden, musste Papa das Weihnachtsevangelium noch einmal von vorn lesen.

Anna bewegte die Figur der Maria zusammen mit dem Esel und Christian kümmerte sich um Josef. Langsam ging es in Richtung Bethlehem, während Papa vorlas: »Da machte sich auf auch Josef aus Galiläa … damit er sich schätzen ließe mit Maria, seinem vertrauten Weibe; die war schwanger.«

Die Figuren hatten kaum die Hälfte des zur Bühne gewordenen Teppichs erreicht, da erklangen die Worte: »Und als die dort waren, kam die Zeit dass sie gebären sollte.« Nun mussten die beiden Kinder aber springen, um die heilige Familie auch rechtzeitig am Ort des Geschehens zu platzieren. Papa machte eine kleine Pause und so konnte das Jesuskind in Bethlehem noch rechtzeitig in die Krippe gelegt werden.

Aber schon wieder hieß es für die Kinder, sich zu beeilen. Denn die Hirten, von denen nun die Rede war, mussten sich rühren und um ihre Schafe kümmern, als es von ihnen hieß, dass sie des Nachts ihre Herde hüteten.

Als dann der Engel auftrat, um den Hirten die frohe Kunde zu bringen, dass ihnen heute der Heiland geboren sei, da hatten die Kinder Glück, dass im Bücherregal eine Engelsfigur stand. Denn so viele Figuren auch zur Krippe gehörten, ein Engel war nicht dabei.

Anna nahm den Engel vom Regal und half ihm, den Hirten zu verkündigen: »Euch ist heute der Heiland geboren, welcher ist Christus der Herr, in der Stadt Davids.« Doch schon waren wieder die Hirten am Zug und wurden von den Kinderhänden gen Bethlehem gebracht, zusammen mit dem Schaf, das Anna gerade erst ausgepackt hatte und das sie nun zusammen mit den Hirten dem neugeborenen Kind als erstes Geschenk brachte.

Am Ende der Weihnachtsgeschichte sagte Anna stolz: »Nun haben wir unser eigenes Krippenspiel gehabt.« Und weil es allen gut gefallen hatte, wurde es noch einmal wiederholt. Denn einen Heiligen Abend ohne ein Krippenspiel kann sich Anna einfach nicht vorstellen.

Tages- und Lobgebete

Von Stephan Goldschmidt

1

Wie die Hirten und die Weisen so leite uns, Gott,
dass wir dein Weihnachten finden:
dein Wunder in unserer Armut.
Lass uns nicht stehen bleiben, nicht aufgeben,
bis uns dein Licht erleuchtet,
dein Geheimnis uns anrührt,
deine Liebe uns umfängt.
Gott, du bist in unsere Welt gekommen
in deinem Sohn Jesus Christus.
Dafür danken wir dir und loben dich.

2

Heiliger Gott,
wir kommen heute an diesem Weihnachtsabend zu dir,
so wie wir sind: müde und zugleich aufgeregt,
ungeduldig und voller Erwartung.
In froher Erwartung lieber Gäste oder allein für uns.
Wir kommen zu dir auf der Suche
nach dem Zauber der Weihnacht,
nach seiner Bedeutung und seinem Sinn.

Wir bitten dich: Lass es Weihnachten werden
in unseren Herzen, in unseren Familien und Häusern.
Lass uns den Weg zur Krippe finden, zu dem Kind,
in dem du uns nahe kommst, in dem du uns deine Liebe schenkst,
in dem du uns erlöst und befreist.

3

Herr Jesus Christus, du bist das wahre Licht,
das alle Menschen erleuchtet.
Du bist in unsere Welt gekommen,
um die Finsternis zu vertreiben.
Wir bitten dich:
Erleuchte unser ganzes Wesen mit deiner Gnade,
dass wir dich, unseren Heiland,
in deinem Wort und in den Zeichen deiner Liebe erkennen.
Hilf uns, dass wir uns in der Dunkelheit dieser Welt
an dich halten, der du mit dem Vater und dem Heiligen Geist
lebst und regierst von Ewigkeit zu Ewigkeit.

4

Barmherziger Gott,
du bist uns durch die Geburt deines Sohnes nahe gekommen,
wir dürfen deine Liebe schmecken und sehen,
sie wird uns greifbar in dem Kind in der Krippe.
Lass deinen Sohn auch in unseren Herzen
immer wieder neu geboren werden,
dass er auch für uns zum Heiland werde,
zum Erlöser, der uns von der Last unseres Lebens befreit:

von zurückliegender Schuld,
von dem Leid des Alters, von Krankheit und Tod.
Komm uns nun nahe in dieser Stunde,
damit deine Liebe für uns greifbar wird
und wir mit ganzem Herzen dein Lob singen.

5

Dich loben möchte ich, Gott. Dich loben kann ich, Gott.
Denn deine Liebe macht es mir leicht,
deine Liebe zu sehen, und zu schmecken und zu fühlen.

Dich preise ich, Gott. Denn deine Liebe war so groß,
dass sie sich klein machen konnte,
dass sie arm, nackt und bloß werden konnte.
Deine Liebe war so groß,
dass sie menschlich zu uns Menschen kommen konnte.

Dich loben will ich, Gott, für deine Liebe,
die so groß war, dass sie klein werden konnte,
klein genug für mich, so dass ich sie mir gefallen lassen kann,
ohne beschämt zu werden.

Dich lobe ich Gott, für das Kind in der Krippe,
das mich lachen macht
trotz der Trostlosigkeit meines Herzens und meiner Welt.
Für das Kind in der Krippe lobe ich dich,
das mich staunen macht, dass auch ich wieder Kind sein darf,
dass ich wieder neu anfangen kann, damit überall deine Liebe
zu lachen und zu leuchten beginnt. Gott, dich lobe ich in alle
Zeit und Ewigkeit.

Fürbittgebete

Von Stephan Goldschmidt

1

Lass es Weihnachten werden, Herr unser Gott,
in unseren Gedanken und Gefühlen,
dass wir hinter den geschmückten Straßen und Geschäften
dein Kommen in diese Welt entdecken
und uns dafür bereit machen.

Lass es Weihnachten werden für die Benachteiligten in
unserer Welt, denen so viele Möglichkeiten genommen sind.
Lass uns erkennen, dass du Mensch geworden bist,
uns von den Mächten der Unterdrückung zu erlösen.

Lass es Weihnachten werden für die, die hungern müssen,
die nur schweren Herzens Weihnachten feiern können,
die Mangel leiden und sich nach Gerechtigkeit sehnen.
Lass uns erkennen, dass du gekommen bist,
die Niedrigen zu erhöhen und aufzurichten.

Lass es Weihnachten werden für unsere Welt,
die unter dem Streit und dem Krieg leidet und ächzt.
Lass Frieden einziehen, wo der Hass regiert
damit alle Menschen ohne Angst leben können.

Lass es Weihnachten werden für die ganze Welt,
für unsere Nächsten und für uns selbst.

2

Heiliger Gott, wir machen uns heute wieder auf die Suche
nach der wahren Weihnacht,
nach dem Licht, das von der Krippe ausgeht.
Wir danken dir, dass du uns in deinem Sohn begegnen willst,
der nicht in einem Palast geboren wurde,
sondern in einem armseligen Stall.
Hilf uns, den Weg zu ihm zu finden.
Lass uns in dem Kind in der Krippe dich erkennen,
der du auch zu uns kommst,
damit wir aufleben und innerlich froh werden.
Hilf auch den Einsamen und Kranken,
den Trauernden und Leidenden
den Weg zum Kind in der Krippe finden,
dass sie dort aufgerichtet und getröstet werden.
Zeige auch denen den Weg in den Stall von Bethlehem,
die sich auf den heutigen Abend nicht freuen können,
zu denen, die heute kein einziges Geschenk bekommen.
Und weise auch den Fröhlichen und Glücklichen
den Weg zur Krippe, damit das Licht deines Sohnes
auch bei ihnen leuchtet.
Lass das Licht der Weihnacht alle Dunkelheit durchdringen
und alle Finsternis erhellen, damit sich die Weihnachtsfreude
in uns und aller Welt ausbreite.

3

Gott, deine Engel kamen in der heiligen Nacht zu den Hirten
und haben sie froh gemacht.
Du schenkst dein Licht her denen, die im Elend leben,

erfüllst ihr Leben mit dem Glanz deines Heils.
So komm und bleibe mit deinem Licht auch bei uns
und bei allen, für die wir dich bitten:
Komm zu denen, die in diesen Tagen krank und einsam sind,
die sich bedroht fühlen oder Sorgen haben.
Komm zu denen, die in diesen Tagen
um einen geliebten Menschen trauern
und sich mitten in dieser Freudenzeit nicht freuen können.
Komm zu denen, die nicht miteinander zurechtkommen
in ihren Familien, an ihren Arbeitsstellen, in ihrer Nachbarschaft.
Komm zu denen, die hungern müssen
nach dem zum Leben Notwendigen,
nach Arbeit, nach Anerkennung,
nach einer Wohnung und dem bergenden Gefühl,
zu Hause zu sein.
Komm zu denen, die in Angst leben vor Krieg und Gewalt,
die in unerträglichen Verhältnissen ihr Leben fristen,
die in Schrecken und Trauer versinken.
Komm zu denen, die sich in Hass verrannt haben,
die brutal und menschenverachtend ihre Ziele verfolgen,
die gewissenlos zum Krieg und Terror aufrufen.
Du Gott des Friedens, erbarme dich über deine Welt,
sende Boten des Heils in die Dunkelheit,
und mach auch uns zu Helfern deines Friedens.

Ausklang

Die Krippe im Koffer.

Christnacht-Predigt zu 2 Samuel 7,1–14

Von Charlotte Scheller

In einer Krippenausstellung hat mich eine Darstellung aus Polen besonders berührt. Die Krippe ist klein, mit beweglichen Figuren, aus weichem Holz geschnitten, etwa daumenlang, in einfacher Weise bemalt.

Kaum größer als eine Zigarrenkiste ist der Stall, zum Betrachter hin geöffnet wie ein winziger Klappaltar. Darüber ein Giebel wie bei einem Haus. Von der Spitze aus verläuft eine Linie in der Rückwand senkrecht nach unten. Sie kreuzt sich mit der Decke des Stalls.

Unter diesem Kreuz liegt das Kind in der Futterkrippe. Darüber gebeugt stehen Maria und Josef. Rechts und links von ihnen, grob geschnitzt, Ochse und Esel. Im rechten Türflügel drei Männer. Weiße Kragen über den Mänteln, glänzende Kronen auf den Köpfen, Gold in den Händen. Die Könige. Sie verbeugen sich vor dem Kind.

In der linken Tür eine einzelne Gestalt. Weißes Gewand. Goldene Schwingen. Ein Engel. Er hat einen Arm erhoben, senkrecht, über die Wände des Stalls hinaus. Die Gesichter sind zur Mitte hin gerichtet, zum Kind. Sie leuchten.

Eine ruhige Freude geht von der Szene aus. Maria und Josef und das Kind. Der Engel auf der einen Seite zeigt: Die Freude kommt von Gott. Die Könige auf der anderen Seite sagen: Die Freude umfasst die ganze Welt.

Der Stall lässt sich zu einem Kästchen zusammenklappen, alle Figuren passen hinein. Die Unterkunft der Familie kann jederzeit abgebrochen werden. Die Freude ist vorübergehend. Der die Krippe geschaffen hat, hat die Flucht im Blick und das Kreuz. Aus einer anderen Welt kommt der Friede, den ich beim Anschauen verspüre. In dieser Welt, in meinem Alltag hat er keinen Bestand. Vielleicht, denke ich, hat einer die Krippe mitgeschleppt auf seinem Lebensweg und sie von Zeit zu Zeit aufgeklappt. Ob er sich hat öffnen können für die Freude über die Geburt des Kindes?

Gott ist Mensch geworden. Die Nachricht hat Bestand. Sie hat sich in der Welt ausgebreitet und die Zeiten überdauert. Die, die von Christus erzählen, sehen in seiner Geburt Gottes alte Verheißung erfüllt. Er ist das Licht, von dem einst die Propheten gesprochen haben. Er ist der Spross aus dem Stamm Isais, auf dem Gottes Geist ruht. In Bethlehem geboren. Ein Nachkomme Davids. Ein neuer, ein ganz anderer König. – Hören wir, wie Gott dem David diesen Nachkommen ankündigt:

Als nun der König in seinem Hause saß und der Herr ihm Ruhe gegeben hatte vor allen seinen Feinden umher, sprach er zu dem Propheten Nathan: Sieh doch, ich wohne in einem Zedernhause, und die Lade Gottes wohnt unter Zeltdecken. Nathan sprach zu dem König: Wohlan, alles, was in deinem Herzen ist, das tu, denn der Herr ist mit dir.

In der Nacht aber kam das Wort des Herrn zu Nathan: Geh hin und sage zu meinem Knecht David: So spricht der Herr: Solltest du mir ein Haus bauen, dass ich darin wohne? Habe ich doch in keinem Hause gewohnt seit dem Tag, da ich die Israeliten aus Ägypten führte, bis auf diesen Tag, sondern ich bin umhergezogen in einem Zelt als Wohnung.

Darum sollst du nun so zu meinem Knechte David sagen: So spricht der Herr Zebaoth: Ich habe dich genommen von den Schafhürden, damit du Fürst über mein Volk Israel sein sollst, und bin mit dir gewesen, wo du hingegangen bist, und habe alle deine Feinde vor dir ausgerottet; und ich will dir einen großen Namen machen gleich dem Namen der Großen auf Erden.

Und der Herr verkündigt dir, dass der Herr dir ein Haus bauen will. Wenn nun deine Zeit um ist und du dich zu deinen Vätern schlafen legst, will ich dir einen Nachkommen erwecken, der von deinem Leibe kommen wird; dem will ich sein Königtum bestätigen. Der soll meinem Namen ein Haus bauen, und ich will seinen Königsthron bestätigen ewiglich. Ich will sein Vater sein und er soll mein Sohn sein. (2 Sam 7,1-14 i.A.)

Etwas völlig anderes als ein Stall ist das Haus, das David für Gott bauen will. Der große König ist auf dem Höhepunkt seiner Laufbahn angelangt. Gott hat ihm Ruhe vor seinen Feinden geschenkt, Frieden und Wohlstand. David bewohnt einen Palast aus edelsten Hölzern. Aber Gott wohnt immer noch unter Zeltdecken. In einem Zelt steht die Bundeslade, der Schrein, in dem Gottes heilige Gegenwart angebetet wird. David wünscht sich einen angemessenen Ort zum Beten. Ein Haus, das der Kraft und der Herrlichkeit Gottes entspricht und in dem er sich der Nähe Gottes sicher ist. Mit seinem Ratgeber Nathan hat er seinen Plan besprochen. Der hat ihn gut geheißen.

Aber in der Nacht redet Gott mit Nathan. »Geh hin und sage meinem Knecht David: Solltest du mir ein Haus bauen, dass ich darin wohne?« Der Schöpfer und Erlöser entscheidet selbst, wo er Wohnung nehmen will, so wie er es auch in der Vergangenheit getan hat. Er ist seinem Volk nahe gewesen auf der langen Wanderung durch die Wüste. Er ist David nahe gewesen, als er von der Schafweide geholt und zum König gesalbt wurde. Durch die ganze Geschichte hindurch hat Israel, hat David das erfahren: Gott ist mit uns. Tag und Nacht. In der Wolke. Im Feuerschein. Auf der grünen Weide und im finstern Tal. Aber festlegen, eingrenzen auf einen Ort, lässt sich der Allmächtige nicht.

Was als Zurechtweisung begonnen hat, endet in einer Verheißung: »Der Herr will dir ein Haus bauen.« Aus Davids Haus, aus seiner Familie werden noch mehr Könige hervorgehen. Sein Sohn Salomo soll dem Namen des Herrn ein Haus bauen, weil Gott es so will, einen Ort, an dem sie sich miteinander an seine Treue erinnern und seinen Namen, »Ich werde bei euch sein«, preisen können. Aus Davids Haus wird schließlich der Retter hervorgehen, dessen Königsthron Bestand hat für alle Zeiten. Gottes Sohn.

Damit kommen wir zurück zur Krippe. Nicht in einem Palast ist der Retter geboren. Da haben ihn die Weisen vergeblich gesucht. Sie finden ihn im Stall. In einer Not-Unterkunft. Und doch haben die Christen die alten Weissagungen auf ihn bezogen. Das ist er, der verheißene König. Da in dem Stall! Was Gott dem David gesagt hat, gilt nun allen Menschen. Auch mir. Auch dem, bei dem sich trotz aller Vorbereitungen diesmal die Weihnachtsfreude nicht einstellen will. Solltest du mir ein Haus bauen? Gott selbst sorgt dafür, dass er bei dir wohnen kann!

Ich seh mir die Krippe noch einmal an in dem Kästchen. Maria und Josef und das Kind. Die Könige. Der Engel. Die leuchtenden Gesichter. Die Freude ist vorübergehend. Der Friede hält nicht an. Die heilige Familie muss weiterziehen. Auch mein Lebenshaus ist provisorisch. Palast oder Stall?

Die Sehnsucht nach Glauben bleibt. Nach einem prächtigen Tempel, der die anderen von der Macht Gottes überzeugt. Und mich selbst. Oft sehe ich nicht, wie Gott wirkt in meinem Leben. Wie schön wäre es, wenn es einen festen Platz gäbe, an dem er sicher anzutreffen ist! Eine Bundeslade. Einen Tempel. Eine Krippe zum Immer-bei-mir-Tragen. Einmal, am Ende, werden wir ihn sehen.

»Siehe da, die Hütte Gottes bei den Menschen«, so beschreibt der Seher Johannes die Gegenwart des Allmächtigen am Ende der Zeit. Dann wird die ganze Welt erkennen, dass Gott der Herr ist. Einstweilen begegnet er uns in dem Kind in der Krippe. Denn darauf hat er sich festgelegt, dass er in Jesus zu finden ist. In dem neugeborenen Kind. In dem Mann am Kreuz. In dem auferstandenen Herrn.

Auch wenn ich nicht so ein aufklappbares Krippenkästchen habe, kann ich das Bild von seiner Geburt in mir tragen und es immer wieder anschauen und abwarten, was sich widerspiegelt in mir von seinem Licht.